# 徳川幕府の資金繰り

安藤優一郎 著

彩図社

# はじめに

徳川家康が開いた江戸幕府は、鎌倉幕府や室町幕府に比べると、群を抜いた軍事力を背景に絶対的な権力を誇ったが、豊かな財政なくしてその強大な権力はありえなかった。

しかし、そんな徳川幕府もやがて財政難に苦しむようになる。歳入が頭打ちとなったにもかかわらず、支出の増大が止まらなかったからである。将軍や歴代の財政当局は歳出の減少に努める一方、あの手、この手で歳入を増やそうと知恵を絞る。資金繰りに走ったのだ。

本書は、幕府が財政難を背景に資金繰りに奔走した歴史を、次の五つの時代に分けて明らかにするものである。

第一章「日本一の資産家徳川家」では、徳川家を将軍として君臨させた幕府の豊かな財源に焦点を当てる。400万石と称された全国各地の直轄領から徴収する年貢米に加えて、鉱山から産出した豊富な金・銀・銅が二大財源だった。

第二章「財政難のはじまり」では、家康以来の豊かな財政状況が一転、悪化に陥った原因を探る。5代将軍綱吉に象徴される華やかな元禄時代とは幕府の歳出が大幅に増加した時代でもあった。

第三章「財政再建に取り組む」では、財政再建に本格的に取り組んだ8代将軍吉宗や財政当局の秘策に迫る。年貢量に依存した財政構造の限界を悟った幕府は利殖により歳入の増大を目指した。

第四章「財政負担をおしつける」では、諸大名に負担を転嫁していった幕府の財政方針に注目する。そうした方向性に対する諸大名の猛反発が天保改革を挫折に追い込んだ。

第五章「外圧が招いた財政破綻」では、幕末の内憂外患《ないゆうがいかん》が歳出を飛躍的に増大させた経緯を追う。窮した幕府は紙幣の発行や外国からの借款《しゃっかん》も視野に入れはじめるが、これは後の明治政府が踏襲する財政路線でもあった。

この五つの時代の様々な出来事やエピソードを通して、財政からみた徳川幕府の歴史、そして江戸時代の真実に迫る。

本書執筆にあたっては彩図社編集部の名畑諒平氏のお世話になりました。深く感謝いたします。

2021年7月

安藤優一郎

## 徳川幕府の資金繰り　目次

## 第二章　財政難のはじまり

## 第四章 財政負担をおしつける

# 第五章　外圧が招いた財政破綻

# 序章　家康はいかにして富を蓄えたのか

## 豊臣家との所領格差は2倍、財力格差はそれ以上

天正18年（1590）8月1日、家康は江戸城に入った。それまでは三河・遠江・駿河・甲斐・信濃5か国を支配する大名として、合わせて100万石ほどの身上だったが、同年7月に豊臣秀吉が関東に覇を唱えた北条家を滅ぼしたことで、その旧領約240万石を5か国の代わりに与えられた。国替えだ。近江などで与えられた所領を含めると、家康の所領は約250万石にも達した。新たな居城は江戸城である。

約250万石にも及んだ徳川家の所領のうち、その財源となる直轄領は100万石ほどで、残りは家臣たちに分け与えられた。全国トップの所領を誇ったわけだが、天下人たる秀吉の直轄領は、この数値をさらに上回る。

秀吉が死去した慶長3年（1598）段階の数字によると、豊臣家の直轄領は約220万石。家康の倍以上あったことになる。当時、全国の石高は約1850万石であり、その12％ほどにあたる計算だ。分布状況をみると、現在の近畿地方にあたる畿内やその周辺、そして北九州に集中していた。畿内などは、半分以上が秀吉の直轄地で占められた。

さらにその財力となると、両者はとても比較にならない。秀吉は国内有数の金山や銀山を支配下に置き、大名の領内にあった金山や銀山からも運上金の名目で金銀を徴収したからである。

家康の所領は他の大名を圧倒したが、秀吉はその倍以上の直轄領を有した（「徳川家康像（模本）」東京大学史料編纂所所蔵）

これにより、秀吉のもとには全国各地から金銀が自然と集まるようになり、莫大な金銀が大坂城の蔵に蓄えられた。秀吉の代名詞の一つとなっている「黄金の茶室」などはそんな莫大な富の象徴だ。財力では家康たち諸大名を圧倒したのである。

## 関ヶ原合戦で直轄領が倍増した徳川家

秀吉が死去すると、豊臣政権は分裂の道

をひた走る。幼主・豊臣秀頼では諸大名の統率は無理である上に、秀吉子飼いの大名たちが争いはじめたのだ。家康はそれに付け込む形で、自分に異を唱える大名たちを排除あるいは屈服させる。秀吉の側近として権勢を振るった石田三成もその一人だった。

これに反発する三成たちは家康打倒を計画する。関ヶ原合戦へのレールが敷かれることになるが、慶長5年（1600）9月15日の戦いで家康率いる東軍は三成率いる西軍を破った。

その後、秀頼のいる大坂城に入った家康は戦後処理に着手する。西軍に参加した諸大名を改易ないし減封に処し、東軍に参加した諸大名には論功行賞として加増を断行した。

改易となった大名は88家にも及び、その総石高は416万1084石にも達した。減封となった大名も毛利家や上杉家など5家あり、没収された石高も208万2790石にのぼる。毛利家（約120万石→約30万石）、上杉家（120万石→30万石）の削減分が大きかった。

これに豊臣家直轄領の削減分も含めると、家康に没収された所領は約780万石に及んだ。日本全国の総石高（約1850万石）の約40％にも相当する。

これを元手に論功行賞が行われたが、半分以上の425万石が家康に味方した大名に加増された一方で、3割弱の220万石をもって一門や家臣を大名に取り立てている。残りの135万石は徳川家の直轄領として組み入れたため、合わせて約235万石となる計算だった。直轄領はその後も増え続け、5代将軍綱吉の時代にあたる元禄期には約400万石に達

関ヶ原合戦で家康は豊臣家と西軍の所領を没収。大坂の陣では豊臣家が大坂城に蓄えた金銀も手にした（「関ヶ原合戦屏風絵（模本）」東京国立博物館所蔵／出典：ColBase）

する。

そして加増を口実に、東海地方に配置されていた秀吉子飼いの諸大名を江戸から遠ざけるように遠隔地へ転封した。中国・四国・九州など西国に一斉に移したのだ。その跡に徳川家一門（親藩大名）や大名に取り立てた家臣（譜代大名）を配置し、家康の本拠である東国を固める体制を作り上げた（本多隆成『定本 徳川家康』吉川弘文館）。一連の国替えは、家康が豊臣家に代わって天下人の座に就くための環境整備に他ならなかった。

### 豊臣家から奪った資産

関ヶ原合戦から3年後の慶長8年（1603）2月12日、家康は征夷大将軍に任命される。江戸に幕府を開いて権力基盤の強化を目指すが、その前に立ち塞がっていたのが大坂城の豊臣家であった。

直轄領を大幅に削られた結果、摂津・河内・和泉3か国で合わせて65万石の大名に転落したとはいえ、何といっても豊臣家はかつての天下人である。その上、家康も羨む秀吉の莫大な遺産が大坂城には蓄えられていた。関ヶ原合戦後、家康が豊臣家に代わって天下人となったことで、全国の金銀が豊臣家のもとに集まるシステムは消滅するが、それまでに大坂城に蓄えられた金銀は莫大な量に達した。

家康は豊臣家から天下人の座を奪ったが、豊臣家はその莫大な金銀をもって兵を養い、家康を引きずりおろそうとするかもしれない。秀吉の死後に豊臣家の天下を簒奪《さんだつ》したように、家康の死後に天下人の座を徳川家から奪還しようとするかもしれない。いずれにせよ、大坂城の蔵にある莫大な金銀を使わせ、その財力を削ることが必要であった。

江戸開府後、豊臣家は家康の勧めもあって寺社の修造には非常に熱心だった。豊臣家の力を天下に誇示する狙いが込められていたが、家康からすると、大坂城の蔵に収められている莫大な金銀を減らすための巧妙な策略だった。

慶長19年（1614）夏には京都の方広寺境内に立っていた大仏殿も再建したが、その鐘銘の文字をめぐり、豊臣家は家康とトラブルとなる。文字が家康を呪詛《じゅそ》しているという言いがかりをきっかけに、大坂冬の陣そして夏の陣が起き、翌20年（1615）5月7日に豊臣家は家康に滅ぼされた。家康は秀吉の遺産である豊臣家の所領と金銀を掌中に収める。ここに、家康は名実ともに天下統一を完了した。

こうした幕府の基盤強化と並行して、財政を支える仕組みも家康や秀忠、家光の時代に整備された。第一章で触れるとおり、大都市や鉱山を直轄化し、そこからあがる税収を管理する勘定所を幕府内に設けるなどしたことで、幕府は豊かな財源を手にすることができたのである。

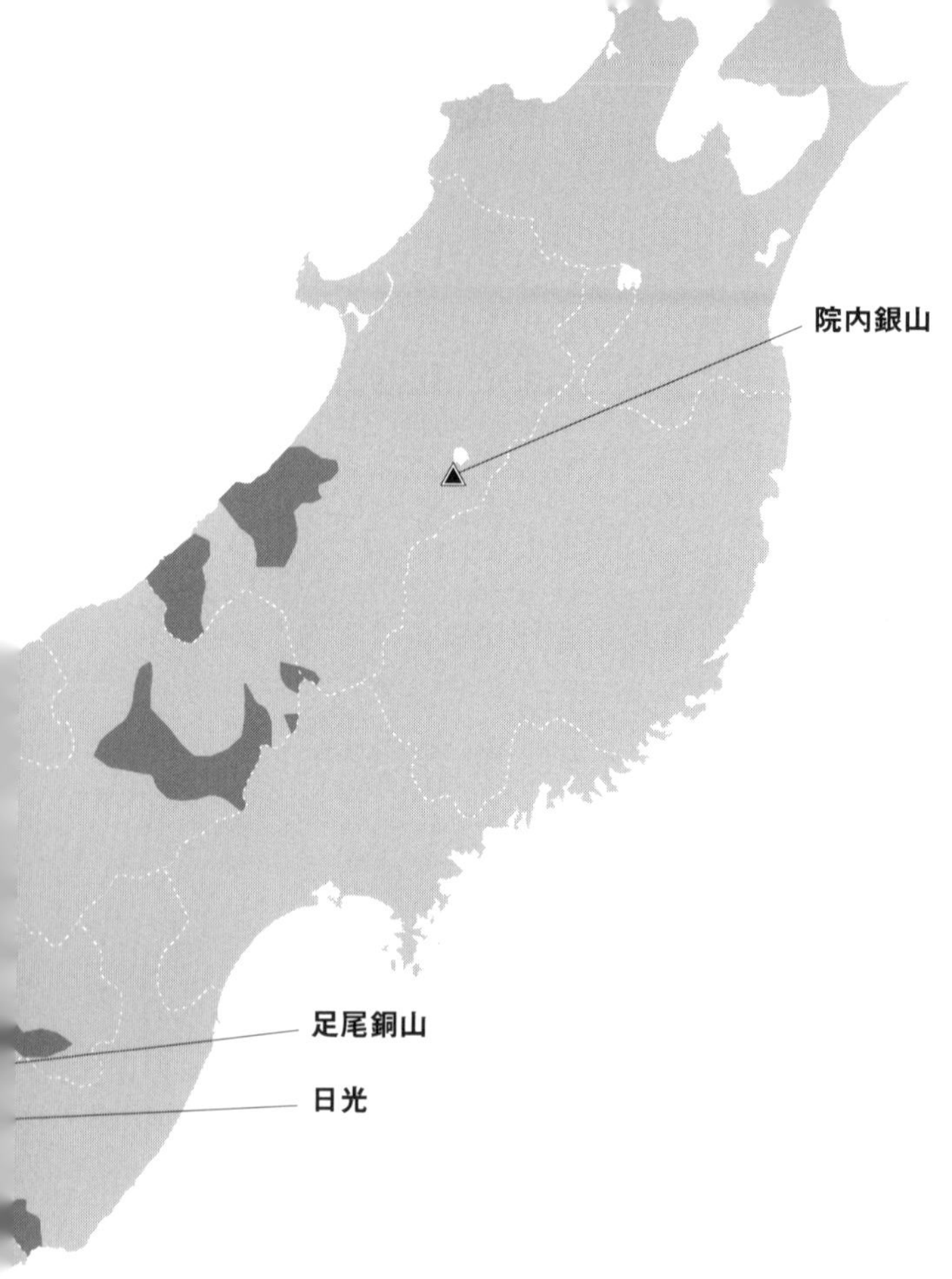


# 全国の幕領《東国》

寛文４年（1664）時

・直轄領は総計約400万石（元禄期）
・直轄領は関東に集中（全体の４分の１）
・直轄領は老中配下の勘定奉行が管理
・のち江戸に勘定奉行支配下の関東郡代、高山に飛騨郡代、笠松に美濃郡代が置かれる

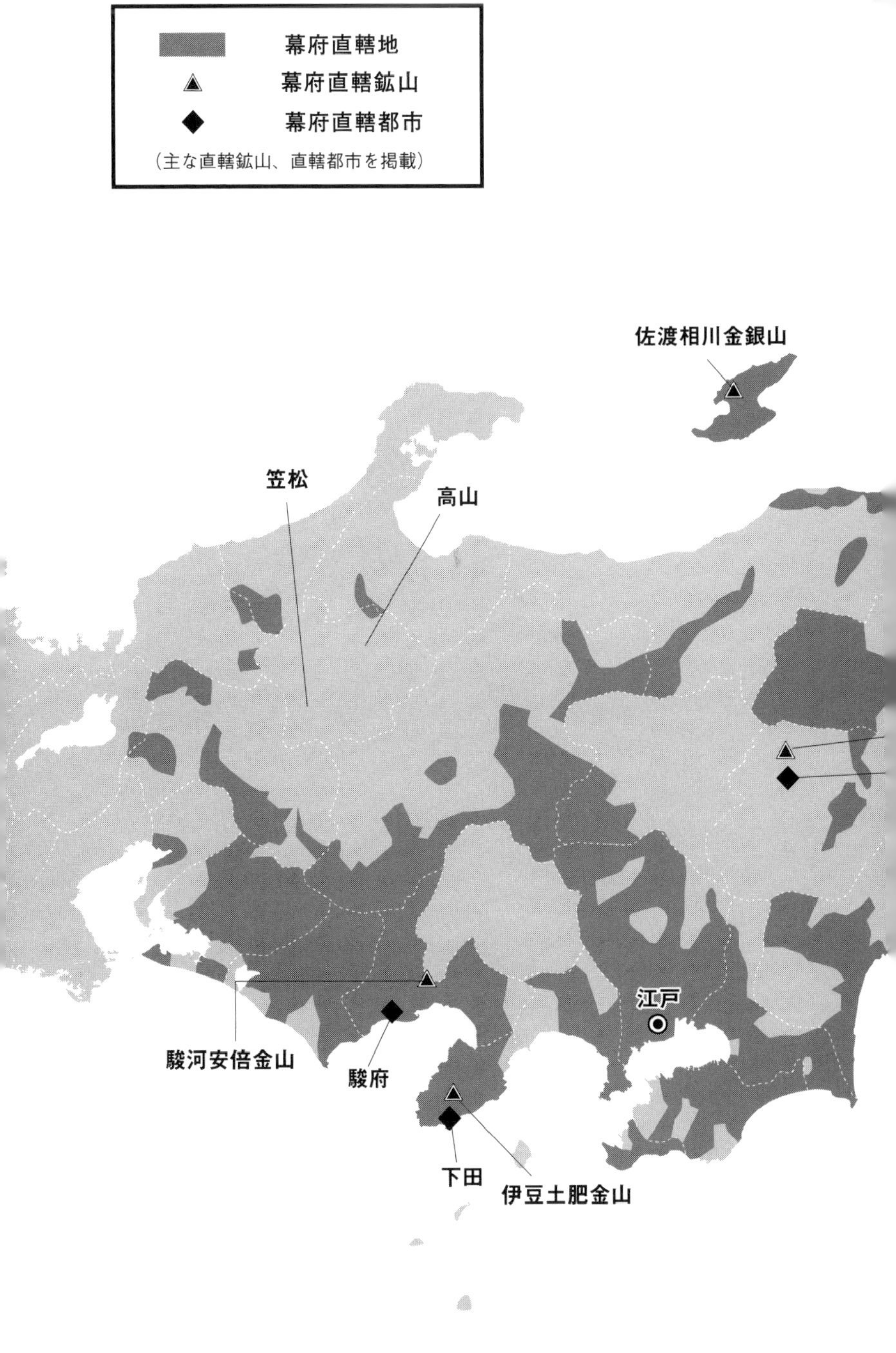
幕府直轄地
幕府直轄鉱山
幕府直轄都市
（主な直轄鉱山、直轄都市を掲載）
佐渡相川金銀山
笠松
高山
江戸
駿河安倍金山
駿府
下田
伊豆土肥金山

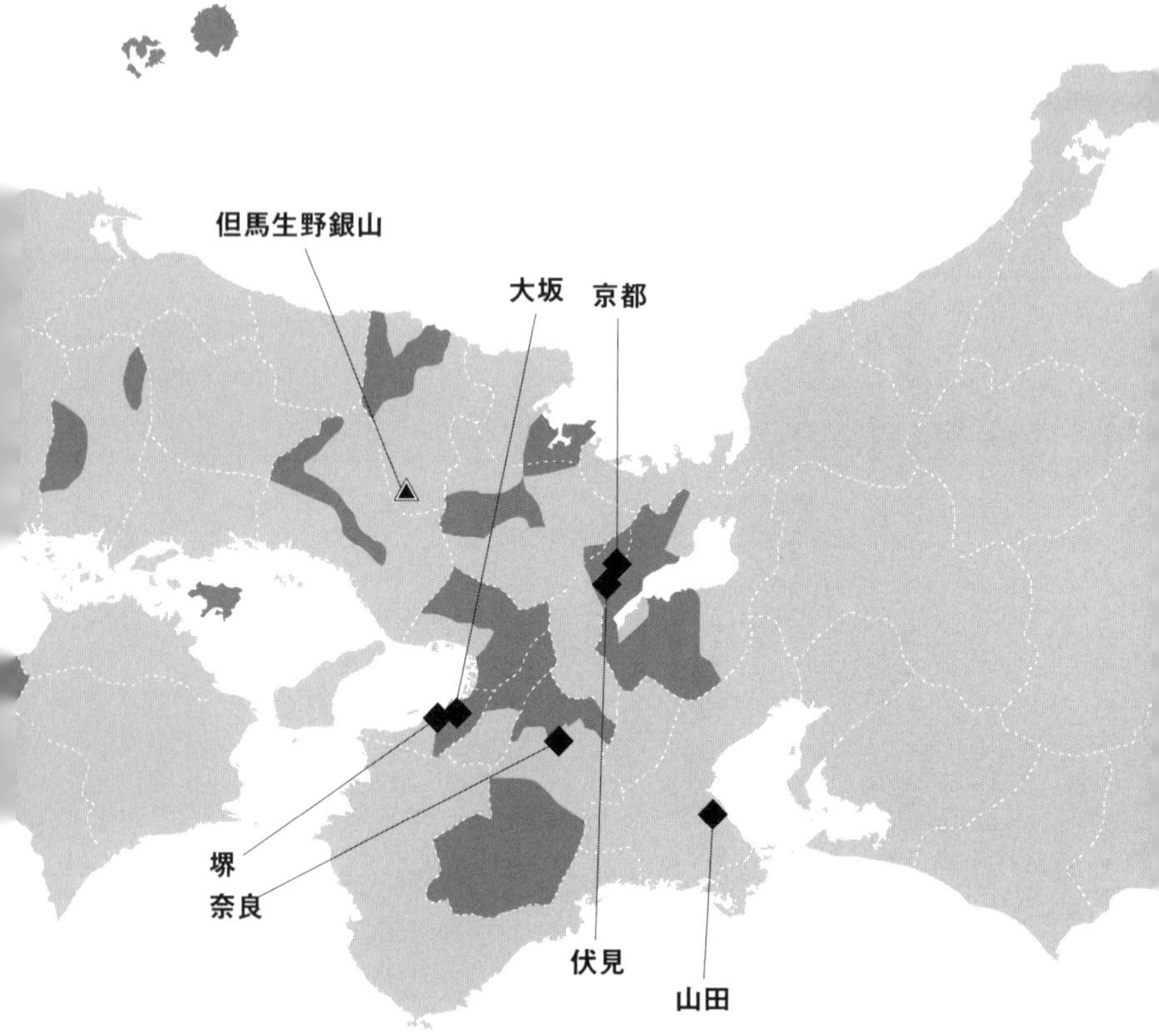


## 全国の幕領《西国》

寛文4年（1664）時

- 京、大坂周辺に幕府直轄領が集中
- 大坂城は旗本ではなく、5、6万石以上の譜代大名から選ばれる大坂城代が管理
- のち日田に勘定奉行支配下の西国郡代が設置される

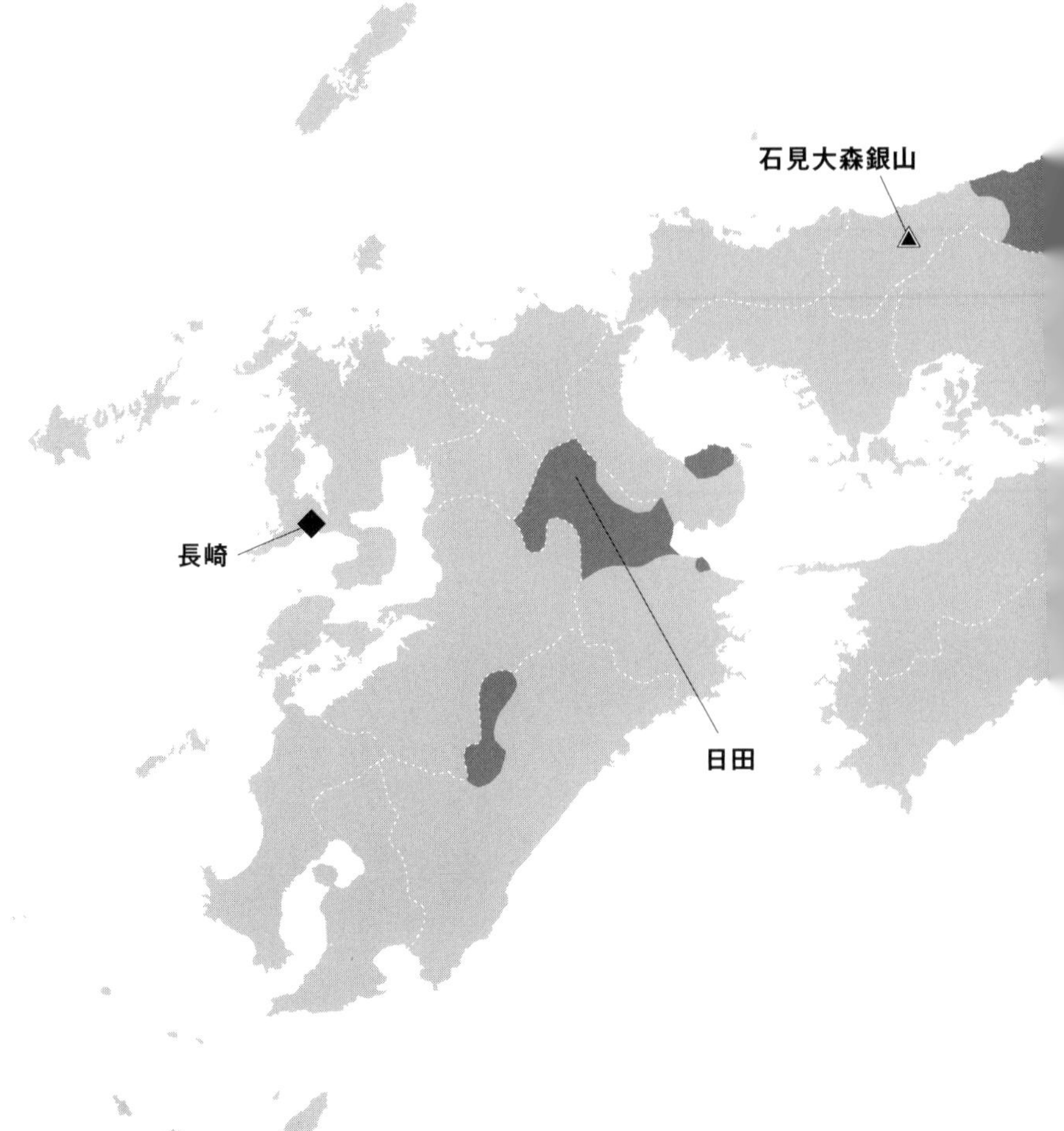
石見大森銀山
長崎
日田

第一章

# 日本一の資産家徳川家

## 〜初代家康から3代家光まで〜

幕府の財政が最も豊かだったのは、初代将軍・徳川家康から3代将軍家光までの時代である。江戸開府から半世紀ほどの期間だ。

幕府の二大財源は直轄した土地と鉱山の二つであった。豊臣政権時から関東の太守たる徳川家の直轄地は広大だったが、冒頭で述べたとおり関ヶ原合戦に勝利して天下人の座に就くと、豊臣家や敵対した諸大名から所領を奪うことで直轄地は全国的に拡大していく。そうした事情は、金の生《な》る木ならぬ山である金山、銀山、銅山などの鉱山についても同様であった。

江戸から派遣した代官（あるいは郡代《ぐんだい》）をして年貢の徴収や金銀銅の採掘にあたらせ、京都や大坂、長崎といった重要都市の場合は奉行（遠国《おんごく》奉行と称される）を置いて行政事務も執らせた。特に京都、大坂については将軍の名代《みょうだい》のような形で、信頼する譜代大名を京都所司代、大坂城代に任命し、奉行をその指揮下に置いた。朝廷や西国大名にも睨《にら》みを利かせたのである。

三都などの重要都市を除き、鉱山を含めて全国の直轄地を統轄したのは江戸城内に設置された勘定所であり、現在でいうと財務省に相当する。幕府財政を掌る役所だった。

勘定所は徴収した年貢米を換金して財源としたほか、採掘した金銀銅を原料として金貨・銀貨・銭貨を鋳造することでも莫大な歳入を得る。特に通貨は幕府が鋳造権を独占することで、鋳造経費を差し引いた分を歳入に組み込めたのは大きかった。打ち出の小槌のように歳入を増やせたからである。

そのほか、外国貿易の独占化で得た利益も財源に含まれるが、いわゆる鎖国のシステムを採用したことに象徴されるように、幕府は貿易にあまり積極的ではなかった。よって、財政に占める貿易の利益は微々たるものであった。

本章では、幕府の豊かな財源の実態に迫ってみる。

# 01

# 【年貢の徴収、鉱山の管理、民政担当、能力重視…】資金繰りを支えた勘定所の基本

**江戸城に莫大な金銀をもたらした代官頭・大久保長安**

幕府財政を掌る勘定所《かんじょうしょ》は、直轄領で年貢を徴収管理するとともに、鉱山や通貨を鋳造する金座・銀座を監督する役所だ。直轄地の都市や農村で起きた様々な訴訟も取り扱ったことで、司法機関としての顔も持っていた。財政のみならず民政も管掌する役所であった。

勘定所の長官は、勘定奉行という。元禄期までは勘定頭とも呼ばれた。当然ながら、職掌が多岐にわたる勘定所のトップには、高い能力が求められる。その職務を初めて担った大久保長《なが》安《やす》も、幕府に巨額の富をもたらしたことで、家康から資金繰りの才を認められた人物だった。

大久保長安は家康の創業を支えた三河譜代の家臣ではなく、甲斐武田家の旧臣であった。

◎勘定所の基本①

| | |
|---|---|
| 役割 | 直轄領（御料所）の年貢徴収 |
| | 直轄化した鉱山の管理、金座・銀座（貨幣鋳造所）の監督 |
| | 直轄都市や農村における訴訟業務等の民政 |
| 長官 | 勘定奉行　※初期は代官頭、元禄期前まで勘定頭 |
| 役高 | 3000石　※出費が多かったため別に米700俵（役料）、金300両（手当金）も支給 |
| 定員 | 4人、老中支配下 |
| 主な長官 | 大久保長安（1603）　松平正綱（1609）　伊丹康勝（1611）<br>荻原重秀（1696）　神尾春央（1737）　水野忠通（1806）　()内は就任年 |

天正10年（1582）に武田家が滅亡すると、甲斐国は織田信長そして家康の領国となる。武田家旧臣たちは家康に召し抱えられていき、長安も家康の重臣・大久保忠隣《ただちか》の推薦により徳川家の家臣に取り立てられる。代官として甲斐の支配にあたった。

家康が関東に転封されると、今度は代官頭に抜擢される。長安は武蔵国多摩郡八王子に陣屋を構え、八王子代官衆や八王子千人同心衆を指揮して直轄領を支配した。年貢を徴収したのである。

江戸開府後は、代官頭を統轄する立場に出世したが、その職務は年貢の徴収にとどまらなかった。全国各地の金山・銀山の開発や経営で手腕を発揮し、幕府財政をたいへん潤す。

その結果、江戸城や駿府城《すんぷじょう》の蔵には莫大な金銀が積まれていく。家康の信任はたいへん篤かった。

家康は将軍職を秀忠に譲ると駿府城に移り、大御所として幕府を支えるが、長安は家康のもとで駿府奉行衆に名を連ねた。財政のみならず、政治全般にも影響力を持つ幕府の実力者として台頭したが、その異数の出世ゆえに周囲から妬まれてしまう。

よって、慶長18年（1613）4月に長安が死去すると、大久保家はすぐさま粛清の対象となる。生前に金銀を不正に蓄財し隠匿したとして財産が没収され、7人の子どもは死罪に処せられた。世に言う大久保長安事件である。幕府財政が豊かだった時期には、こんな金銀にまつわる疑獄事件も起きていた。

## 勘定奉行の創設と広範な職掌

幕府の直轄領が約400万石にも達した元禄期に入ると、勘定頭は勘定奉行と改称された。町奉行や寺社奉行とともに、三奉行に数えられる勘定奉行が名実ともに登場する。

定員は4名が原則で、将軍の信任を受けて幕府政治を取り仕切った老中の支配下に置かれた。当時は幕府から与えられた俸禄をもって役職を務める人事制度が採られており、役職ごとに就任可能な禄高の下限が、あらかじめ役高として設定されていた。勘定奉行の役高は3000石である。職務の費用は、この3000石から出すことになっていた。

勘定奉行は、少なくとも3000石の俸禄がなければ務まらないとみなされたわけだが、これでは能力があっても小禄の旗本では奉行が務められない。それだけ、こなすべき職務が多く、かなりの出費も求められる激職だったことがわかる。

しかし、幕府財政を預かる勘定奉行などは何よりも能力が必要とされた役職だった。よって、8代将軍吉宗の代になると、勘定奉行に限らず、役職にふさわしい能力があれば小禄の旗本でも役高に応じた役職を務められるよう人事制度が変更される。

例えば、3000石未満の旗本が勘定奉行に任命された場合は、在職期間中に限り3000石に加増された。「足高《たしだか》の制」の導入である。

ただし、3000石の高禄をもってしても持ち出しになるのは避けられず、別に役料として米700俵、手当金として金300両が給付されるのが習いだった。

管掌する職務が多岐にわたった勘定所は、吉宗の時代にあたる享保6年（1721）に年貢の徴収管理など財政面を担当する勝手方《かってがた》と、訴訟など民政を担当する公事方《くじかた》に分課する。これにより事務処理の効率化を狙ったわけだ。奉行も勝手方2名、公事方

**◎勘定所の基本②〈8代吉宗以降〉**

<table>
<tr><th>人事の特徴</th><td colspan="2">3000石未満の者でも優秀であれば、<br>任期中に不足する石高が加増され奉行に就任</td></tr>
<tr><th rowspan="2">役割<br>（1年交代）</th><td>勝手方<br>（担当奉行2人）</td><td>年貢の徴収管理など財政担当</td></tr>
<tr><td>公事方<br>（担当奉行2人）</td><td>訴訟など民政<br>※1人は諸国の街道や宿場を取り締まる道中奉行を兼務</td></tr>
</table>

### ◎幕府の主要職制一覧

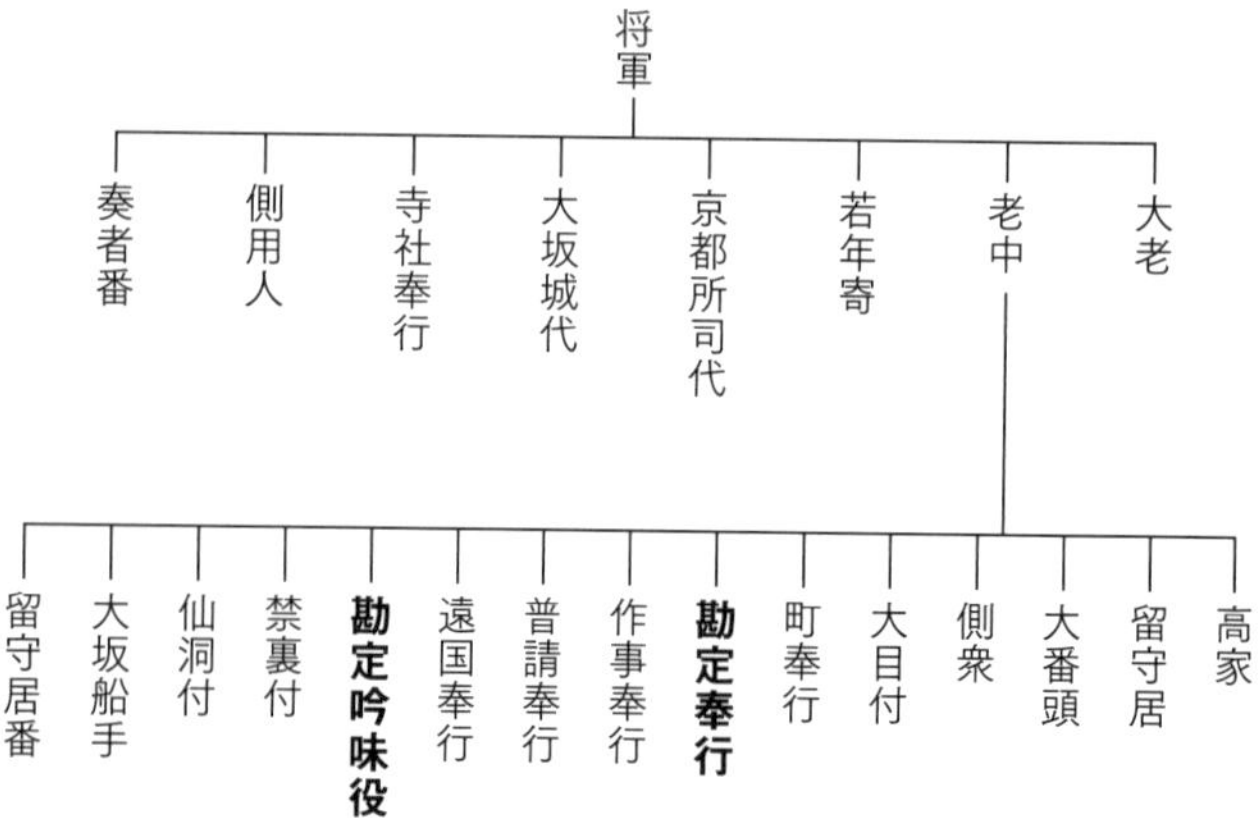


2名の体制となり、1年交代で勤務する体制になった。なお、公事方勘定奉行の1人は諸国の街道や宿場を取り締まる道中奉行を、大目付の1人とともに兼務する決まりであった。

勘定奉行の下には、勘定組頭（役高350俵）、勘定（役高150俵）、支配勘定（役高100俵）などが置かれて職務にあたった。勘定組頭は12名ほどで、宝暦11年（1761）の数字では勘定は134人、支配勘定は93人。その下には、支配勘定見習、勘定出役、支配勘定出役などもいた。

現場で年貢徴収にあたった奉行配下の役人が、次項で取り上げる郡代と代官である。年貢米を収納する浅草の米蔵などを管理する蔵奉行、幕府直轄の山林を管轄する林奉

◎勘定所の職制一覧

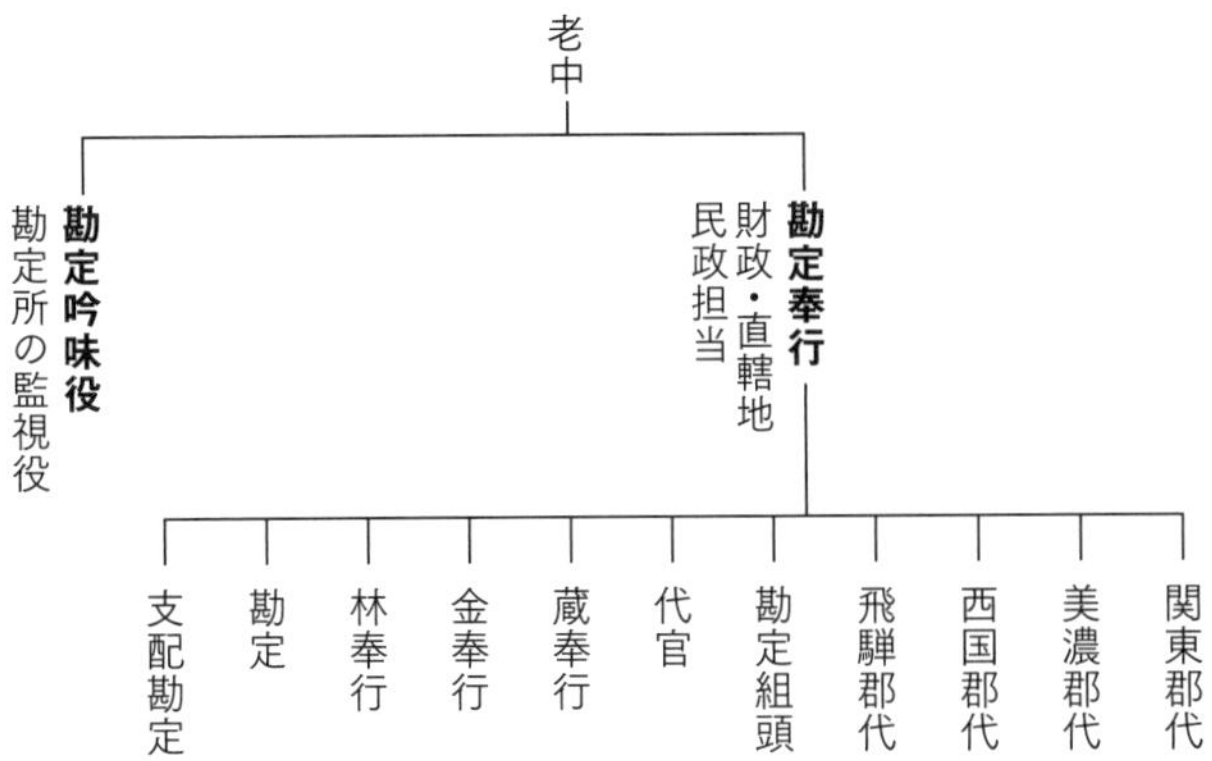


行、幕府の金蔵を管理する金《かね》奉行なども勘定奉行の配下であった。

勘定所勤務の役人の総数は時期により増減はあるが、文化9年（1812）では223人、安政6年（1859）では309人という数字がある。数では幕府最大の役所だったことは間違いない。

なお、勘定所は江戸城の本丸御殿内のほか大手門横にも置かれ、役人たちは二つに分かれて事務を執った。前者は御殿勘定所《ごてんかんじょうしょ》、後者は下勘定所《しもかんじょうしょ》と呼ばれた。

## 勘定吟味役による勘定所の監視

勘定所には同所各部局の会計を検査するだけでなく、奉行及び配下の勘定組頭や郡代・代官などの監視も任務とする役職が置かれた。奉行からは独立した存在であった勘定吟味役である。役高は500石で、役料は300俵だった。

勘定吟味役は将軍綱吉の時代にあたる天和2年（1682）に創設された。当初は奉行補佐のような役職だったが、やがて監視役として奉行をはじめ勘定所役人の前に立ち塞がるようになる。幕府首脳部がそれを期待したからだ。

しかし、奉行にしてみると、吟味役がいては仕事がやりにくかったため、元禄12年（1699）には一時廃止される。時の勘定奉行は辣腕で知られた荻原重秀だが、正徳2年（1712）になると吟味役が復活する。興味深いことに、吟味役の復活に一役買ったのは荻原の政敵・新井白石であり、同じ年に荻原は奉行職を罷免されている。

吟味役は勘定所の役人が職権を乱用しないよう監視し、不正があれば告発することが幕府首脳部から期待されたが、それには勘定所内部の事情に通じていることが何よりも不可欠である。そのため、事実上勘定所を取り仕切っていた勘定組頭などから抜擢される傾向がみられた。吟味役を勤めあげると勘定奉行などの要職に昇進する事例もみられ、出世コースにもなっていた影の重職であった。

さらに、勘定所での経費支出にはすべて吟味役の賛成が必要とされていた。幕府首脳部からすると、吟味役をして牽制《けんせい》させながら財政を運営・管理できるメリットがあった。職権乱用や不正の防止にも大いに役立ったことは間違いない。

このように、勘定所は優秀な人材が活躍できる環境だった。幕府が資金繰りで苦しむようになったとき、この勘定所が中心となって、急場を凌いでいくのである。

# 02

## 【日本一の資産家は土地をいかに管理したのか】
# 財政を支えた大規模年貢収集システム

### 幕府直轄領の分布状況

徳川幕府が日本一の資産家たり得たのはなぜか？　一つには、広大な直轄領を有する、日本一の地主だったからである。当時、幕府直轄領は「御料《ごりょう》」「御料所《ごりょうしょ》」と呼ばれたが、一般的には天領《てんりょう》という用語の方がよく知られている。ただし、この名称が用いられたのは明治維新後のことであり、江戸時代には使われていない。

維新を境に幕府直轄領が明治政府つまりは天皇・朝廷の直轄領となり、「天朝領」と称されたことから、略称の天領がさかのぼる形で幕府直轄領の意味でも使われるようになったのだ。一方、大名や旗本領は「私領」と呼ばれた。

幕府直轄領（以後幕領と呼ぶ）は元禄期（１６８８～１７０４）に約４００万石に達したが、享保15年（１７３０）の数字では約４５０万石となっている。幕府が享保改革の一環として新田開発を積極的に展開した成果が反映された数字であった。この頃の日本の総石高は約３０００万石であるから、幕領はその約15％を占めた。

幕領は関東・東海・畿内筋で多かったが、とりわけ将軍のお膝元たる関東筋では計１００万石にも達し、その約４分の１が集中した。島国の佐渡国や隠岐国などはまるまる幕領だが、対照的に幕領がまったくなかった国もある。薩摩・大隅国がすべて島津家の所領だったのはその一例だ。

**◎幕領の種類別石高**〈享保15年（1730）〉

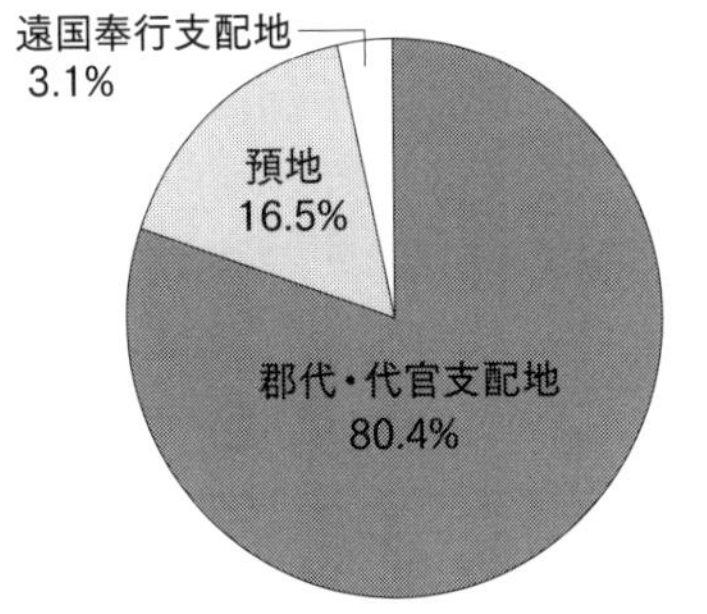


（『江戸博覧強記』所収の図を元に作成）

幕領は勘定奉行配下の郡代や代官が支配にあたるのが原則であった。おおよそ5万石単位で代官は任命されたが、管轄する幕領が10万石クラスの場合は郡代の名称で支配にあたっている。

「預地《あずかりち》」という形が取られる場合もみられた。支配つまりは年貢徴収の事務を近隣の大名などに委託した場合のことであり、「預所《あずかりどころ》」とも呼ばれた。関東筋に預地はほとんどなく、江戸から遠く離れた畿内や中国・九州の幕領が預地とされる事例が多かった。

幕府からすれば、遠隔地にわざわざ代官を派遣して直接支配するよりも経費がかからないで済むメリットは魅力的だった。そのため、享保期（１７１６～３６）には預地は約70万石にも達し、幕領の約15％を占めた。一例を挙げると、幕領の隠岐国はまるごと松江藩松平家の預地となっていた。

## 年貢徴収の実務を担った代官所の組織と運営

幕府は地方行政官たる代官（役高１５０俵）あるいは郡代（役高４００俵）を現地に派遣することで幕領の80％以上を支配したが、郡代は関東郡代、飛騨《ひだ》郡代、美濃《みの》郡代、西国郡代ぐらいしかおらず、大半の幕領支配は代官があたった。

江戸初期、勘定奉行の前身とも言うべき代官頭という役職があった。幕府財政の安定に大きく貢献した大久保長安がそのひとりだったが、代官頭が消滅すると勘定頭（のち勘定奉行）の下に代官そして郡代が附属するようになる。時期により違いはあるが、その数は50人前後であった。

各代官には武士から登用した手附《てつけ》のほか、町人や農民から登用した手代《てだい》などの配下が約30

名いたが、全員が現地に置かれた代官所に勤務したのではない。現地の代官所と江戸詰《えどづめ》に分かれており、勘定所との連絡にあたる事務所のようなものが江戸にあったことがわかる。

代官所の職掌は年貢徴収などを担当した「地方《じかた》」と、訴訟を担当した「公事方」に分けられていたが、江戸の勘定所が勝手方と公事方に分課されたことに合わせた職務体制である。幕領だけでなく、近くの鉱山や関所を管轄する場合もあった。

代官も郡代も一代限りの役職で、原則として世襲ではない。平均6~7年の在任期間で異動も多かったが、伊豆国韮山《にらやま》代官を担った江川家のように、特定の家が世襲する事例もみられた。

代官は勘定所詰の勘定や支配勘定から起用されることが多かったが、現場で年貢の徴収事務にあたる以上、有能な人材が強く求められた。よって、代官の配下だった手附や民間から代官に登用される事例も稀ではなかった。

代官所の運営に際しては、年貢と合わせて農民から徴収した「口米《くちまい》」「口永《くちえい》」がその財源に充てられた。年貢が米の場合は口米として1俵につき別に1升、金銭の場合は口永として銭100文につき別に3文ずつ徴収し、人件費などの経費だけでなく、管轄する地域の普請費や救済費にも回した。

しかし、この手法では年貢量の変動により口米・口永の徴収額が増減するため、何かと不都合であった。例えば、災害に見舞われた際には普請や救済に多額の費用を要したことで、代官所の運営費が確保できなくなる。そのため、享保10年（1725）に口米・口永は勘定所に収めさせた上で、改めて勘定所から各代官所に運営費として一定額を支給する形式に変更される。

## 年貢米は江戸に運ばれ御蔵で保管

代官により徴収された幕領の年貢米は非常用備蓄米や代官所詰役人への俸禄米などを除き、江戸や大坂に置かれた幕府の米蔵まで船で運ばれるのが原則だった。廻船問屋を御用達に任命し、江戸までの運送を委託した。

幕府の米蔵は「御蔵《おくら》」と呼ばれ、御蔵奉行が管理にあたった。年貢米が収納された江戸の御蔵としては、隅田川沿いに立ち並んでいた浅草御蔵（現東京都台東区蔵前）が代表的なものである。常に40～50万石の年貢米が収納され、幕末には蔵の数も67棟に達した。

そのほか、江戸では本所《ほんじょ》御蔵、竹橋《たけばし》御蔵、小菅《こすげ》御蔵などがあった。大坂の御蔵としては難波御蔵、天王寺御蔵などが挙げられる。

勘定所では江戸や大坂に廻送された年貢米を換金して歳入に組み入れる一方で、浅草御蔵や本所御蔵に収納した分は幕臣に支給する俸禄米や扶持米《ふちまい》にも充てている。竹橋御蔵などに

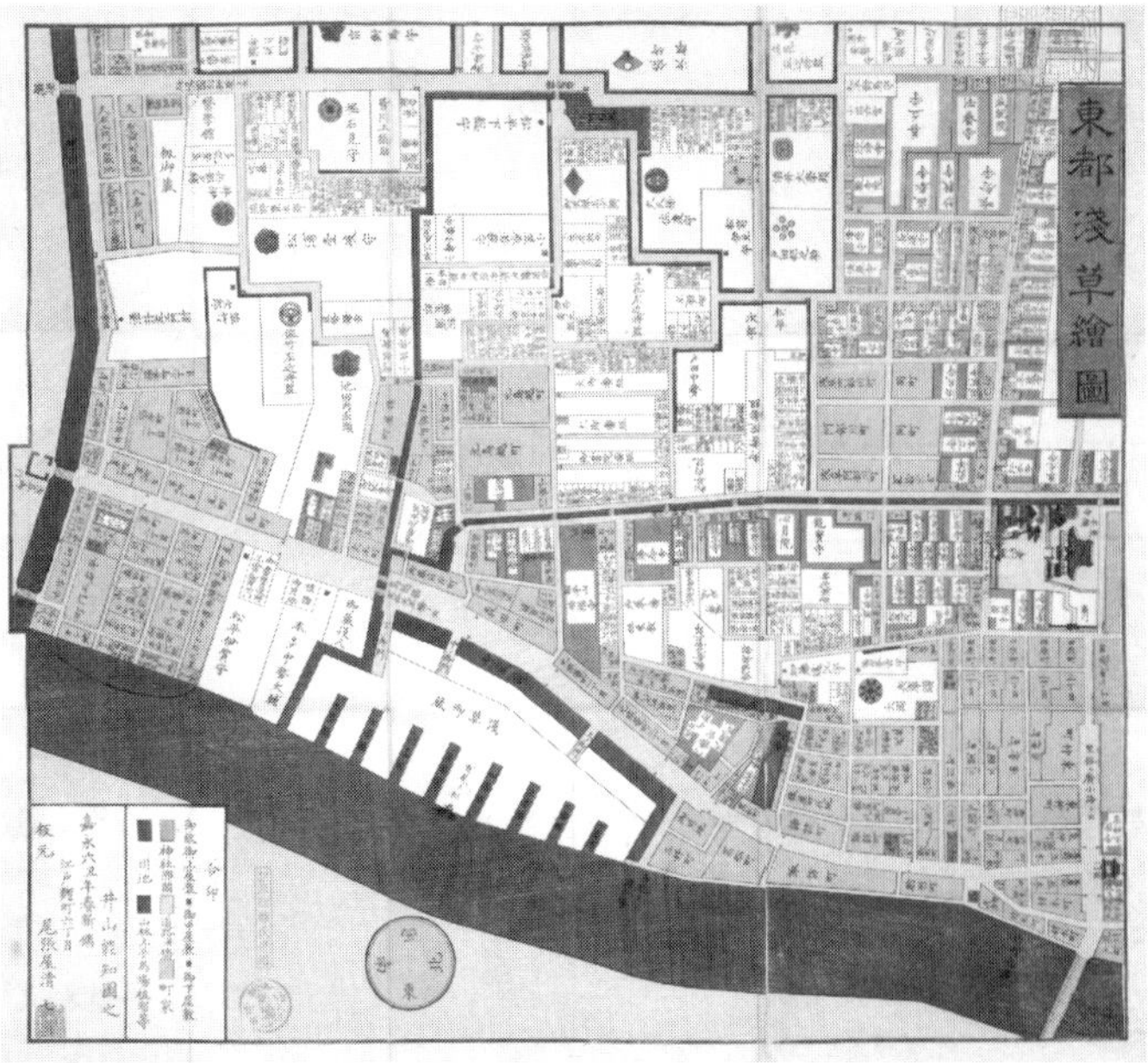


浅草御蔵周辺の切絵図（「江戸切絵図　浅草御蔵前辺図」国会図書館所蔵）

収納された年貢米は、緊急時に備えての備蓄米という位置付けだった。

　なお、幕府の許可を得て、幕臣に代わって俸禄米を受け取り、その換金業務にあたったのは札《ふだ》差《さし》（蔵宿《くらやど》ともいう）と呼ばれた商人である。俸禄米を担保として、幕臣相手に高利の貸付を展開して巨利を得た札差には、毎晩のように吉原で豪遊を繰り返した者もいた。

03

【鉱山をどのように管理したのか】

# 金銀山を直轄化し現地組に管理を任せる

## 鉱山運営の実務は現地採用組が担当

関ヶ原合戦後、豊臣家に代わって天下人となった家康も、国内の金山や銀山を直轄する方針を推し進める。秀吉に倣《なら》って、全国の金銀が幕府のもとに集まるシステムを構築し、みずからの財政基盤とした。ちなみに、金山は主に東国、銀山は西国に展開していた。

幕府が直轄した鉱山としては伊豆国の金山、佐渡国の相川金銀山、駿河国の安倍金山、但《たじ》馬《ま》国の生野銀山、石見国の大森銀山、下野《しもつけ》国の足尾銅山などが挙げられる。金山や銀山だけでなく、その周辺地域も合わせて支配下に置くため現地には奉行所や代官所が設置され、江戸から奉行や代官が派遣された。

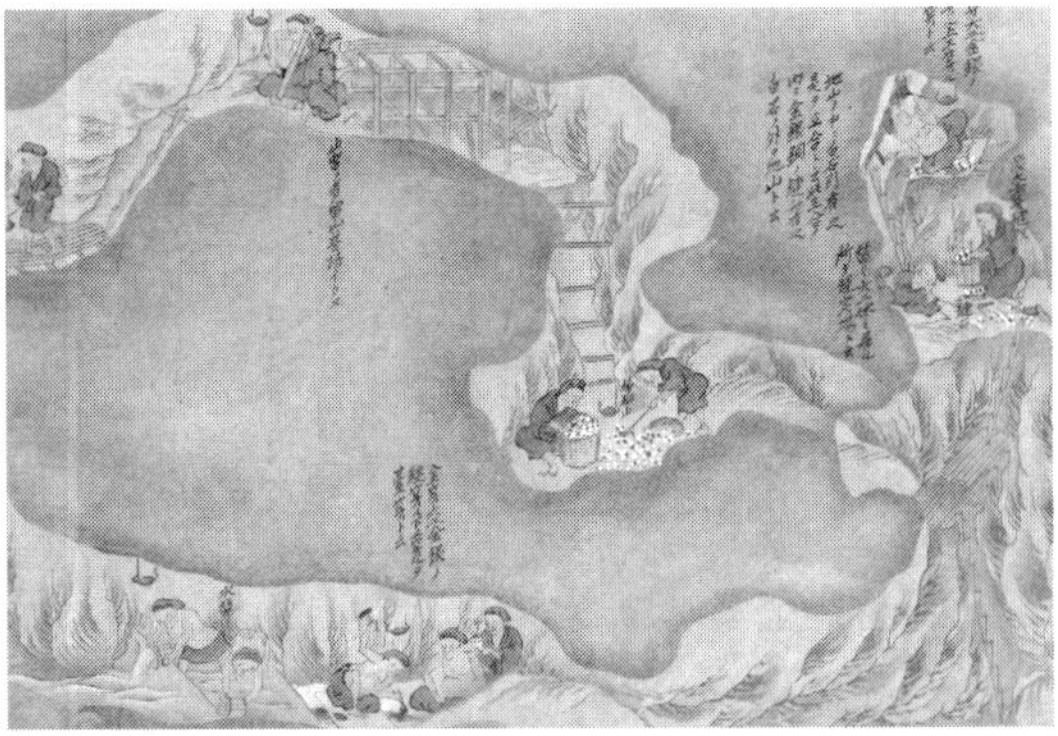

佐渡金山の採掘場面（「佐州金銀採製全図（写）」国会図書館所蔵）

例えば、佐渡の相川に置かれた佐渡奉行所は金銀山の管理にあたるとともに、まるまる幕領の佐渡国を統治した。佐渡奉行は2人制が採られており、1人は現地勤め、もう1人は江戸詰だが、幕府財政を掌る勘定奉行が兼任する場合もあった。それだけ、相川金銀山は幕府から重視された鉱山だった。

大名領にあった鉱山でも、産出量が大幅に増えたり大増産が期待できる場合は取り上げている。具体例としては、出羽延沢《のべさわ》銀山、摂津多田銀山、陸奥半田銀山などの鉱山が挙げられる。なお、大名領で鉱山を開発する際は幕府に届け出ることになっており、その許可を得た上で開発された。

実際に鉱山や周辺直轄地の支配にあたったのは、奉行所や代官所が現地で雇用した地役人たちである。奉行や代官は江戸から現地に派遣されたが、実務を担った地役人はその地に居住する役人だった。現地採用組である。

大森銀山を支配する大森代官所の場合は銀山経営

にある銀山方《ぎんざんかた》と周辺直轄地の支配にあたる地方《じかた》に組織が分かれ、銀山方では地役人が約30人雇用されている。地役人は生産現場や、銀山で働く坑夫たちが住む町場の監督、そして町場の商人からの運上金（営業税）取り立てにあたったが、そのほか銀山の取締りにあたる同心が約30人、雑務を担った中間《ちゅうげん》が約20人雇用された。

鉱山は多くの坑道（間歩《まぶ》とも呼ばれた）から構成されたが、幕府が直接採掘に関わるのではなく、鉱山の採掘事業にあたる山師をして定額量を請け負わせるのが一般的だった。各坑道について、幕府への上納分と山師の取り分をあらかじめ定めておくのであり、山師としては幕府に請け負った分を納入すれば、残りは自分の取り分となる仕組みになっていた。

## 低迷していく金銀の産出量

領土拡大をはかる戦国大名たちが金山や銀山の開発に力を入れたことで、戦国時代から江戸時代初期にかけ、金や銀の産出量は激増する。銀に至っては、当時世界で産出された量の約3分の1は日本産だったという推定まである。

佐渡相川の金銀山でみると、慶長7年（1602）の銀の産出量は1万貫目（3万7500キログラム）に達した。佐渡といえば金山のイメージが強いが、実は産出量からいえば銀が金を凌駕していた。

その後も佐渡金銀山の銀産出量は増え続け、ゆうに1万貫目を超えたという。元和7～9年（1621～23）には幕府へ上納された銀が年間6000貫目前後に達したため、実際の産出量は1万貫目を超えたと推定されたわけだ。仮に幕府への上納分と山師の取り分が五分五分ならば、産出量は1、2万貫目となるからである。

大森銀山では寛永元年（1624）の上納量が1200貫目、生野銀山でも同11年（1636）の上納量が同じく1200貫目に達した。佐渡の金銀山には及ばなかったが、産出量は相当なものだったことがわかる（『徳川幕府事典』東京堂出版）。

しかし、無限に埋蔵されてはいない以上、時が下るにつれて産出量が減少するのは避けられなかった。直轄の金山や銀山から産出される金銀を財源としていた幕府にとり、産出量の減少は由々しき事態だった。金銀を原料とする金貨や銀貨の鋳造に支障が生じるのは必至であり、第二章で述べるとおり、幕府は様々な手を打ち出すことになる。

## 04

# 鋳造権を独占して資金繰りを有利に

### 【金貨・銀貨・銭貨の鋳造を幕府機関が管理】

**貨幣づくりを独占して資金繰りを繰り返す**

幕府は金貨・銀貨・銭貨という3種類の通貨を大量に鋳造することで、鋳造経費を差し引いた分を、歳入すなわち財源に充てた。金貨は金座、銀貨は銀座、銭貨は銭座が鋳造した。鋳造した三貨を広く流通させることで国内の経済活性化をはかったが、それが可能だったのは戦国時代から江戸初期にかけて鉱山の開発が進み、採掘された金銀の量が飛躍的に増えたからである。

貨幣鋳造を独占したということは、単純にいえば材料さえ手に入れば、際限なく資金繰りができることを意味する。だからこそ幕府は金銀山の直轄化だけでなく、貨幣の鋳造・管理にも力を入れたのだ。これら貨幣の仕組みにまつわる基本は、二章以降の内容に深くかかわってくるので、丁寧に解説していこう。

## 金貨の鋳造

まずは金貨からである。なお、金貨といっても100%の純金ではない。銀などが混ざっていたが、銀貨にしても銀のほか鉄が混ざっていた。

江戸開府前の文禄4年（1595）頃のことである。当時関東の太守だった家康の求めに応じ、京都の彫金師《ちょうきんし》・後藤徳乗《とくじょう》の高弟橋本庄三郎光次《みつつぐ》が江戸にやってきた。家康は師匠の徳乗をして光次に後藤姓を名乗らせ、金貨の鋳造を管轄させた。

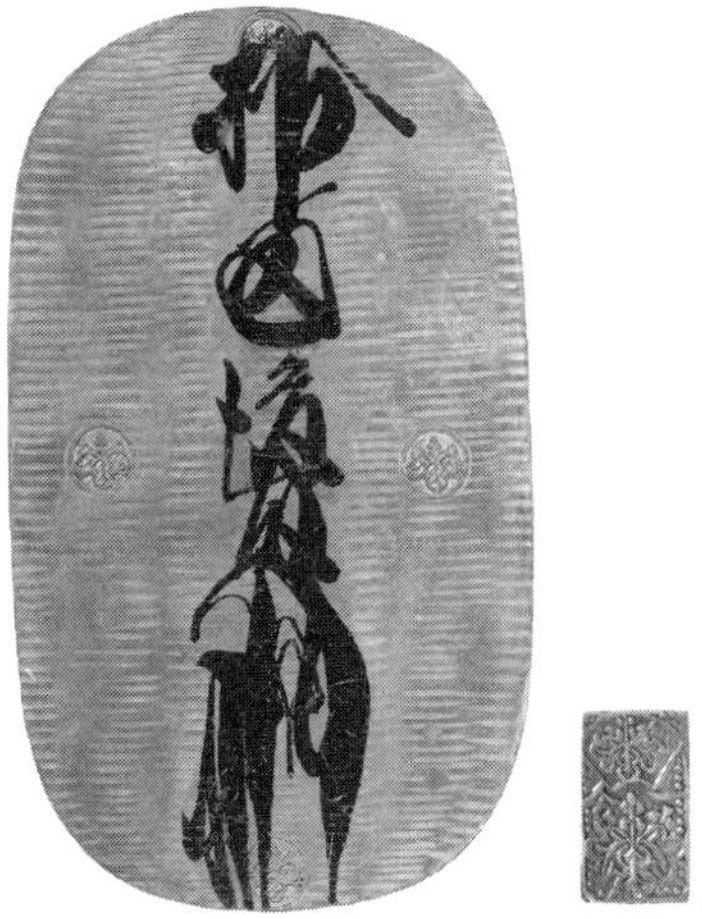

慶長大判（長径約 14.5cm、短径約 9.2cm）と慶長一分金（長径約 1.7cm、短径約 1cm）（日本銀行貨幣博物館所蔵）

　すでに秀吉が天正大判という金貨を鋳造していたことに刺激を受けたのだ。鋳造を担当したのは同じく京都の彫金師で後藤四郎兵衛《しろべえ》という人物だ。後に、四郎兵衛も幕府に仕える。

家康は後藤庄三郎光次に江戸城の近くで屋敷（現日本銀行本店の地）を与え、金貨鋳造を管轄させた。これが「金座」のはじまりである。後藤庄三郎家は金座の長官たる御金改役《おかねあらためやく》を代々務めた。

当初は、幕府から鋳造を請け負った小判師が持参する金貨の鑑定が、後藤庄三郎家の役割だった。これは「手前吹《てまえぶき》」と呼ばれた鋳造法だが、後に鋳造関係者は後藤屋敷内に設けられた工房に集められ、鋳造の全工程が密室内で行なわれるようになる。これは「直吹《じきふき》」と呼ばれた。

以後、金貨は金座を率いる後藤庄三郎家の完全な管理下で鋳造された。ただし、大判の金貨だけは後藤四郎兵衛家が鋳造している。

実際に金貨の鋳造が開始されたのは慶長年間（１５９６～１６１５）に入ってからのことで、時の元号を取って慶長大判、慶長小判、慶長一分金《いちぶきん》と呼ばれた。家康が豊臣家に代わって天下人となり、江戸に幕府を開く過程で左図のような金貨が鋳造されたのである。

## 銀座による銀貨鋳造

幕府は金貨を実際に流通させるため、大判よりも軽量な小判のほか、さらに軽量な一分金などを大量に鋳造したが、並行して銀貨も鋳造している。これにしても、一連の秀吉の通

◎幕府が鋳造した金貨（計数貨幣）

| 金貨種類 | おおよその金の含有率 | 重さ | 特徴 |
|---|---|---|---|
| **慶長大判** | 68.4% | 約165g（約44匁1分） | 贈答・献上用の通貨。表面には後藤庄三郎家が毛筆で「拾両 後藤（花押）」と墨書きして内容を保証（極判）。「拾両」は金額ではなく、約44匁1分の重量があるという意味。上下と左右、裏面にも、本物であることを保証するため極印が打たれた。 |
| **慶長小判** | 84.3% | 約17.9g | 市場に流通した通貨。表面の中央上部に「壱両」の二文字を長方形の枠で囲んだ極印。下部には「光次（花押）」の二文字を長方形の枠で囲んだ極印（光次は後藤庄三郎家の名前）。表面の上・下端、裏面にも扇枠で囲んだ桐紋の極印が打たれた。 |
| **慶長一分金** | 68.4% | 約4~5g | 小判の4分の1の価値で流通した通貨。短冊形の板金で、表面上部に扇枠の桐紋、中央に「一分」の文字、下部に桐紋、裏目には「光次（花押）」の極印が打たれた。 |
| **一朱金**<br>文政7年（1824）より | 12.1% | 約1.4g | 一分金の4分の1の価値で流通した通貨。後に一朱金の倍の価値を持たせた二朱金も鋳造された。 |

※1両＝4分＝16朱

慶長丁銀（左）と豆板銀（右）。右下の豆板銀の印は「常是」。大きさは丁銀が長径約15cm、短径約3.6cm。豆板銀は右上が長径約3.7cm、短径（くびれ部分）約1.4cm。右中が長径約2.1cm、短径約2cm。右下が長径約2.5cm、短径（くびれ部分）約0.7cm（日本銀行貨幣博物館所蔵）

貨政策がモデルとなっていた。

金貨は1両、1分、1朱などの価格が表示されており、そのまま使用できる「計数貨幣」として通用したが、銀貨は取引の際に計量が必要な「秤量貨幣《ひょうりょうかへい》」として鋳造された。戦国時代には銀が豊富に産出したことを背景に、取引の手段としての銀貨が各地で様々に鋳造されていたが、銀貨の統一を目指す秀吉は京都や堺の銀吹師20人を大坂に集めて「常是座《じょうぜざ》」を結成させる。

座を通じて銀貨の鋳造や極印《ごくいん》を統一化しようと目論んだわけだが、秀吉の死により頓挫する。銀吹師とは採掘した鉱石を買い取って、銀を精錬した者のことである。

家康は秀吉が結成させた「常是座」に倣い、関ヶ原合戦の翌年にあたる慶長6年（1601）に、堺の銀吹師・湯浅作兵衛《ゆあささくべえ》（屋号は大黒屋《だいこくや》、通称は大黒常是）をトップとする「銀座」を京都近郊の伏見で設立した。銀座では諸国から集めた銀をもって銀貨が鋳造された

◎**幕府が鋳造した銀貨**（秤量貨幣、主に関西で流通）

| 銀貨種類 | おおよその銀の含有率 | 重さ | 特徴 |
|---|---|---|---|
| 慶長丁銀 | 80% | 160g前後（40匁前後） | ナマコ形。表面に「常是」などの極印が数か所打たれた。取引の際に計量され、必要量が切り取られた（切遣い）。そのため切りやすいように薄く造られた。小玉銀登場後は定量化が進み、1枚あたり約43匁（約160g）に統一される。 |
| 小玉銀 | 80% | 18g前後（5匁前後） | 切遣い禁止後に鋳造された銀貨。丁銀の補助通貨として使われた。大粒のものは豆板銀、細粒のものは露銀と呼ばれた。表面に「常是」などの極印が打たれた。 |

※銀の含有率は国内の銀産出量が減り始めると低下

（後に伏見の銀座は京都に移転）。

銀座の出張所は江戸にも置かれたが、やがて江戸の出張所に機能が集中し、京都の銀座が出張所化していく。江戸の銀座は新両替町（現東京都中央区銀座）に置かれたが、後に蠣殻町《かきがらちょう》（現中央区日本橋人形町）に移転する。金座で後藤家が金貨の鑑定にあたったように、銀座では大黒常是とその子孫が銀貨の鑑定にあたった。

### 銭座による銭貨鋳造

金貨や銀貨に比べると、1文単位の銅を原料とする銭貨は一般庶民にも身近な低額貨幣だったが、幕府が鋳造に乗り出したのは寛永13年（1636）のことである。すでに家康はこの世を去り、孫にあたる3代将軍家光の治世下に入っていた。意外なことに、戦国時代までは中国から大量に輸入された宋銭や明銭などの銭貨が国内では流通していた。しかし、中国から輸入された銭が種々雑多であることに加え、中国銭をモデルに鋳造された粗悪な銭貨（私鋳銭《しちゅうせん》という）も広く流通したことが経済の混乱を招いていた。そのため、幕府は銀貨に続けて銭貨の統一にも着手する。

寛永13年、幕府は江戸市中の2か所や近江国の坂本で銭座を設立し、寛永通宝と呼ばれた銭貨の鋳造にあたらせたが、翌14年には全国8か所でも銭座が新設される。需要の高い低額貨幣であったことに加えて、国内に大量に流通していた中国銭などを駆逐するためにも銭貨は大量に鋳造する必要があった。

金貨や銀貨とは違い、銭貨の鋳造では特定の職人に委託するスタイルは採られなかった。銭の鋳造にあたる「銭座」にしても金座や銀座のような常設機関ではない。銭貨の需要に応じて、その都度銭座が設立され、請負人に鋳造を請け負わせた。

まずは請負希望者に手本銭を作らせ、その出来により請け負わせるかどうかを決めたが、請け負った量を鋳造し終わると、銭座は廃止されるのがしきたりだった。ただし、明和9年（1772）以降は金座や銀座が銭貨の鋳造を担う方針に改められる。

## 三貨交換で貨幣相場を牛耳った両替屋

江戸時代は、幕府が独占的に鋳造した金貨・銀貨・銭貨が流通する社会だったが、それゆえ取引の際には3種類の通貨を交換させるための比率が必要であった。元禄13年(1700)、幕府は金1両＝銀60匁＝銭4貫文(4000文)の相場を公定したが、実際の相場は時と場所により絶えず変動していた。

その変動率に合わせて金・銀・銭の交換業務にあたったのが両替屋だ。金貨と銀貨のみを取り扱う本両替と、それ以外の脇両替に大別される。本両替は金銀貨の両替・鑑定のほか、江戸・上方間の為替取引、貸付・預金などの業務に従事した。脇両替には金銀銭貨の両替にあたる三組両替、銭のみを取り扱う番組両替などがあった(滝沢武雄、西脇康編『日本史小百科 貨幣』東京堂出版)。

なお、時代が下るにつれ、両替屋は三貨を交換する立場を利用して貨幣相場を操作し、投機的な取引によって巨利を得る事例が珍しくなくなる。貨幣の相場を動かす黒幕として、幕府が対応に苦慮するほど江戸経済に大きな影響力を及ぼす存在に成長していった。

## 通貨の保管・支出の仕組み

幕府が鋳造した通貨は江戸城や大坂城、二条城、駿府城、甲府城そして佐渡奉行所などの御金蔵《おかねぐら》に蓄えられた。このうち江戸城には蓮池《はすいけ》御金蔵と奥御金蔵という二つの金蔵があった。

蓮池御金蔵は通常の金銀出納に使用された金蔵である。江戸前期までは江戸城切手門《きってもん》外に置かれていたが、正徳2年（1712）に蓮池門内に移される。勘定奉行支配下の金奉行の管理に置かれ、文政3年（1820）時、蔵は4棟あった。

各部署が経費の支出を勘定所に求めると、勝手方でその内容が吟味される。問題がなければ手形を部局に送り、金奉行には別途連絡を行った。該当の部署が手形を持参すれば、金奉行側が金蔵から経費を支出するのである。

臨時支出の場合は、各部署から財政担当の勝手掛老中・若年寄に請求がなされると、勘定所に書類が移送され、勘定奉行や吟味役の評議にかけられる。請求が認められると、勘定所から金奉行に連絡がいって支出の運びとなった。

奥御金蔵は非常用の出費に備えた金蔵である。当初は江戸城本丸の天守下に設けられた穴蔵がその役割を果たし、金銀貨や金銀分銅《ふんどう》が収められた。しかし、明暦の大火で天守が焼失した際に焼け、収蔵されていた金銀も溶解して塊状になってしまう。その後、奥金蔵は本丸内の別の場所に移されたようだ。

金銀分銅とは分銅形に鋳造された金銀の塊のことで、法馬《ほうま》金銀ともいう。秀吉が天正大判1000枚に相当する千枚分銅金を鋳造させて大坂城に貯蔵したのがはじまりである。家康も秀吉に倣って大量に鋳造して江戸城などに備蓄し、非常の際には金銀分銅をもって金貨や銀貨に鋳造して支出に充てた。

非常用の出費としては、焼失した江戸城や京都御所の再建費、富士山噴火に伴う復興費、享保・天明・天保飢饉時の救済金などが挙げられる。金銀貨を改鋳する際に大量の金銀が必要となった場合も、その原料として使われた。

奥御金蔵の管理は勘定奉行ではなく、留守居があたった。大奥の取締りや江戸城各城門の通行証発行を掌る役職である。幕政における実権はなかったが、町奉行などの重職を歴任して年功を積んだ旗本だけが就任できる名誉職だった。

以上、貨幣鋳造の基本と、貨幣支出の手続きを追った。鉱山を直轄化して鋳造権を独占したことで、幕府は17世紀半ばまでに巨万の富を蓄えることができた。後に幕府は将軍の浪費や災害復興のために莫大な出費を強いられるが、江戸時代前半は蓄えが豊富だったこともあり、難局を乗り切ることができたのである。

# 05

## 【外国との貿易はどのように行われたのか】

# 貿易は儲けではなく大名管理が目的

### 長崎でのオランダ貿易

鎖国までは九州の各港を中心に外国船が頻繁に入港していたが、幕府は元和2年（1616）にヨーロッパ船の来航を平戸と長崎に限定する。その後、島原の乱を経てヨーロッパではオランダのみ貿易を許すこととなった。

寛永17年（1640）、幕府は平戸に商館を置いていたオランダに対し、長崎への移転を命じる。長崎港を唯一の貿易港とするため、平戸の商館を閉鎖させたのだ。オランダは対日貿易を維持するため幕府の命に従うが、移転地として指定されたのが出島だった。

出島は、同11年（1634）に長崎港内で造成が開始された扇形の埋め立て地である。もともとは長崎市中に雑居していたポルトガル人を収容つまりは隔離し、その行動を監視するために造られたが、ポルトガル人の来航を禁止したことで土地が空いてしまう。よって、オランダ人を代わりに収容し、その活動を監視しようとしたのである。オランダ商館の出島移転は同18年（１６４１）に完了した。出島は約３９６９坪の広さがあり、商館のほか、館員の住居、倉庫、庭園などが置かれた。家畜（豚・牛）の飼育場もあった。

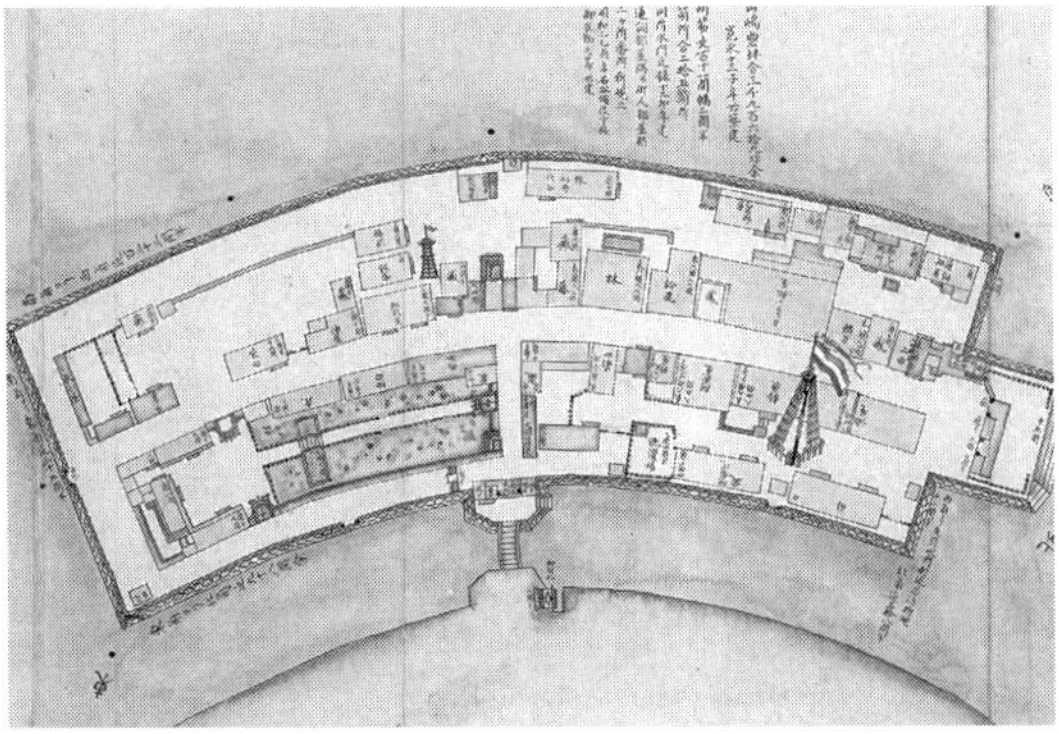

オランダ人らが交易の場として利用した出島（「諸御役場絵図（写）」国会図書館所蔵）

出島に置かれた商館はオランダの東インド会社がアジアの各地に設けた商館の一つで、バタヴィア（現インドネシア）の東インド総督が統轄した。商館長は「カピタン」と呼ばれていた。

カピタンは日本への輸出品を載せた貿易船に乗り、毎年6月あるいは7月に長崎へ到着した。取引が終了する9月に新商館長に就任し、旧館長から事務を引き継ぐサイクルだった。その時点より、新会計年度がはじまることになっていた。引き継ぎの事務が終了すると、旧館長はバタヴィアに向けて出航する。商館長の任期は1年であった。

一方、幕府は旗本を長崎奉行に任命して直轄地長崎の都市行政を担当させたが、併せて貿易の管理や外交交渉にもあたらせた。長崎奉行は主に2人制で、おのおの江戸と長崎において1年交代で勤務した。

幕府としては、西国の諸大名とりわけ外様大名が外国貿易により利益を得て富強化することは阻止しなければならなかった。仮に放置すれば、幕府に抵抗できる軍事力を蓄えて牙を剥くかもしれない。

よって、諸大名が参入できないよう、外国貿易は幕府の管理下に置く必要があり、長崎奉行には現場での監視役を期待した。貿易港を長崎港のみとし、オランダ人を出島に閉じ込めて監視したのもそのためである。

出島と長崎市内は石橋でつながれていたが、オランダ人は長崎奉行の厳重な支配下に置かれ、その許可なく出島の外に出ることは固く禁止された。なお、出島にいたのはオランダ人だけではない。島内には番所が数か所置かれ、日本人の番人が警備のほか密偵の役割を果たしていた。

長崎の町を実際に支配したのは奉行から行政事務を委託された町人身分の町年寄だが、その下の役職である「乙名《おとな》」に任命された者も出島に住み、オランダ人の監視や貿易の監督をおこなった。乙名の下には組頭やオランダ通詞《つうじ》が配属され、各業務にあたった。オランダ通詞は通訳や筆記にあたるほか、商務官としての顔も持っていた。

## 長崎での唐人貿易

鎖国の間、長崎には中国船も貿易のため来航したが、当初中国人たちは市中に住むことができた。オランダ人とは違って、行動の自由も許されていた。

しかし、来日した中国商人のなかに密貿易に従事する者やキリスト教を布教する者がみられたため、オランダ人と同じく居住区域を定めて監視の対象とすることに改められる。元禄元年（1688）、長崎郊外の十善寺郷《じゅうぜんじごう》に高い塀と堀で囲まれた居住地の建設が開始され、翌2年（1689）に完成する。中国版出島とも言うべき「唐人屋敷」である。唐人とは中国人の異称だった。

唐人屋敷の規模は約9400坪で、出島の約3倍もの広さがあった。屋敷の門脇には番所が設置されて中国人の出入りがチェックされたが、出島に収容されたオランダ人ほど、その出入りの改めは厳しくなく、割合自由に出入りしていた。ただし、日本人で屋敷の中に入れたのは日用品を扱う商人のみである。

鎖国後もしばらくは中国産の生糸や絹織物などが主要輸入品であった。オランダがもたらした輸入品も中国産の転売が多かったが、江戸中期に入ると輸入する必要がなくなる。生糸の場合で言うと、国内で生糸の生産が盛んとなり、その品質も向上していく。やがて、質量ともに国内の需要を満たすほどのレベルに達した。

もともと、幕府はキリスト教への恐怖感から貿易拡大に積極的ではなく、鎖国という形で制限をかけた。外様大名が貿易で利益を挙げて富強化することも恐れた。要するに、国産化できない産物があったことで、止むなく外国との貿易を継続したが、自給率が上昇して国産品で対応できるようになれば、輸入を続ける必要はない。

幕府は例外として対馬藩を介した朝鮮との貿易、薩摩藩を介した琉球との貿易を容認していたが、この二つの例外にしても輸入品をもって国産化できない産物を確保するためであった。例えば、朝鮮からは薬用として需要が高かった朝鮮人参を輸入したが、同じく国産化が進行すれば、あえて朝鮮との間で貿易を継続する必要もなくなる。

貿易は国内で自給できない産物を入手するための手段に過ぎなかった。幕府は貿易により得られる利潤を財源として期待していなかったわけだが、幕末に入ると、そうした姿勢を一変させる。財政破綻が目前に迫ったことで、貿易の利潤を新たな財源として期待するようになるのである。

第二章

# 財政難のはじまり

## ～4代家綱から7代家継まで～

豊かな財政に裏付けされた強大な軍事力のもと、幕府の基盤は3代将軍家光の時代に確固たるものとなる。そして泰平の世が訪れたが、4代将軍家綱の時代に入ると、にわかに暗雲が立ち込める。財政状況が悪化しはじめたのである。

その転機となった事件こそ江戸城と城下が灰燼《かいじん》に帰した明暦の大火だった。江戸復興のため莫大な出費を余儀なくされた幕府が、江戸城本丸天守の再建断念に追い込まれたことはよく知られているエピソードだろう。

その上、歳入が頭打ちになる。二大財源の一つである幕府領からの年貢量が上限に近づいていたのだ。年貢を賦課できそうな土地の開発が一段落したことに加え、農民の抵抗を念頭に置けば年貢率のアップにも限界があった。

もう一つの財源である鉱山からの金銀産出量も低迷する。日本は世界に冠たる銀産出国ではあったが、無尽蔵ではない以上、低迷するのは時間の問題だった。年貢量にせよ、金銀の産出量にせよ、これ以上の増加は望めない状況に陥った。

一方で、歳出は増大を続ける。泰平の世により経済は未曾有の発展を遂げるが、それは出費の増大も意味しており、幕府とて例外ではない。消費経済の発展が歳出の増大を後押ししていたが、その傾向に拍車をかけた人物が5代将軍綱吉である。

華やかな元禄時代を象徴するかのように、綱吉は豪勢な生活を送ったと伝えられるが、寺社の造営や修築にたいへん熱心な将軍であった。それだけ綱吉は信仰心が篤かったが、幕府財政を掌る勘定所にとっては財政難の要因でしかなかった。

赤字財政に転落したことで財政構造の限界に直面した勘定所は、新たな財源を通貨の改鋳に求める。その主導者が勘定奉行の荻原重秀《おぎわらしげひで》であった。元禄の時代にはじまる改鋳は打ち出の小槌のように歳入を増やせる手法として、その後何度となく繰り返される。

勘定所は貨幣の改鋳に踏み切る一方で、莫大な臨時出費を賄う手法を編み出していく。例えば富士山噴火のため被害を受けた地域の復興費を「国役《くにやく》」として全国に割り当てている。これにより、幕府は自分の懐を極力痛めずに復興が可能となった。

本章では、幕府が財政難を克服するため編み出した様々な手法のはじまりを解き明かす。

06

【大火災の復興費用をいかに確保するか】

# 幕府の隠れた財源だった大名の歳入

## 御手伝普請の開始

幕府の財源は直轄地の幕領や鉱山だけではない。諸大名の歳入も隠れた財源であり、いわば埋蔵金のようなものだった。

「御手伝《おてつだい》」の名目で、江戸城の拡張や河川の普請に代表される巨大な土木工事に諸大名を動員していたからである。みずからの懐を痛めず、その莫大な費用を負担させたのだ。財政負担を免れる巧妙な手法であり、それは江戸開府とともにはじまる。

慶長8年（1603）2月、征夷大将軍に任命されて江戸に幕府を開いた家康は、翌3月から将軍のお膝元にふさわしい城下町の整備に取りかかる。江戸開府前は徳川家のみで城や城下の拡張工事は進められたが、天下人となったことで諸大名を動員できるようになった。これを「天下普請《てんかぶしん》」という。

天下普請による江戸城の拡張工事は家康の代で終わるどころか、2代将軍秀忠の代でも終わらず、一応の完成をみたのは3代将軍家光の代に入ってからだった。寛永13年（1636）のことである。

江戸城の高麗門。正門である大手門の一部で、慶長年間に藤堂高虎、伊達政宗が建設した。現存する高麗門は明暦の大火後の再建

この後も諸大名を動員して本丸御殿や天守、二の丸御殿、西の丸御殿などが改築、再建されているが、天下普請の名のもと諸大名に御手伝を命じたのは江戸城の普請だけではない。家康の隠居城となった駿府城、尾張徳川家の居城名古屋城、上方・西国の抑えであった近江彦根城、丹波篠山城《ささやまじょう》、同亀山城などの築城も同様だった。

江戸城が一応の完成をみた頃を境に、国内は泰平の世に入る。大名は築城の御手伝から逃れられたが、今度は河川の普請の御手伝を命じられるようになる。引き続き、その負担に苦しむのであった。

## 江戸城炎上

慶安4年(1651)4月、3代将軍家光は将軍在職のまま病死する。約30年間の治世だった。4代将軍の座に就いたのは長男家綱である。

家綱の時代は武断政治から文治政治への移行期と評価されている。武力をもって抑え付けずとも、法令や制度だけで幕政を安定させることが可能となった時代だが、明暦3年(1657)に江戸を大事件が襲う。江戸時代最大の大火となった明暦の大火である。

この年の正月18日の午後2時頃、本郷丸山の本妙寺から出火した火は西北風にあおられて本郷から湯島一帯を焼き尽くし、駿河台下の大名屋敷を焼き払った。その後、火の手は二手に分かれ、一手は南下して八丁堀から佃島に至る下町一帯を焼け野原とした。もう一手は西風にあおられ、隅田川を越えて深川まで延焼した。

翌19日午前4時頃に火事はいったん収まったものの、午前10時に小石川から再び出火する。火は北風にあおられて郭内の大名屋敷や町奉行所に燃え移り、江戸城の建物にも火の手は及んだ。

そして、本丸御殿と天守が焼け落ちた。二の丸、三の丸もほとんど焼失し、西の丸だけが

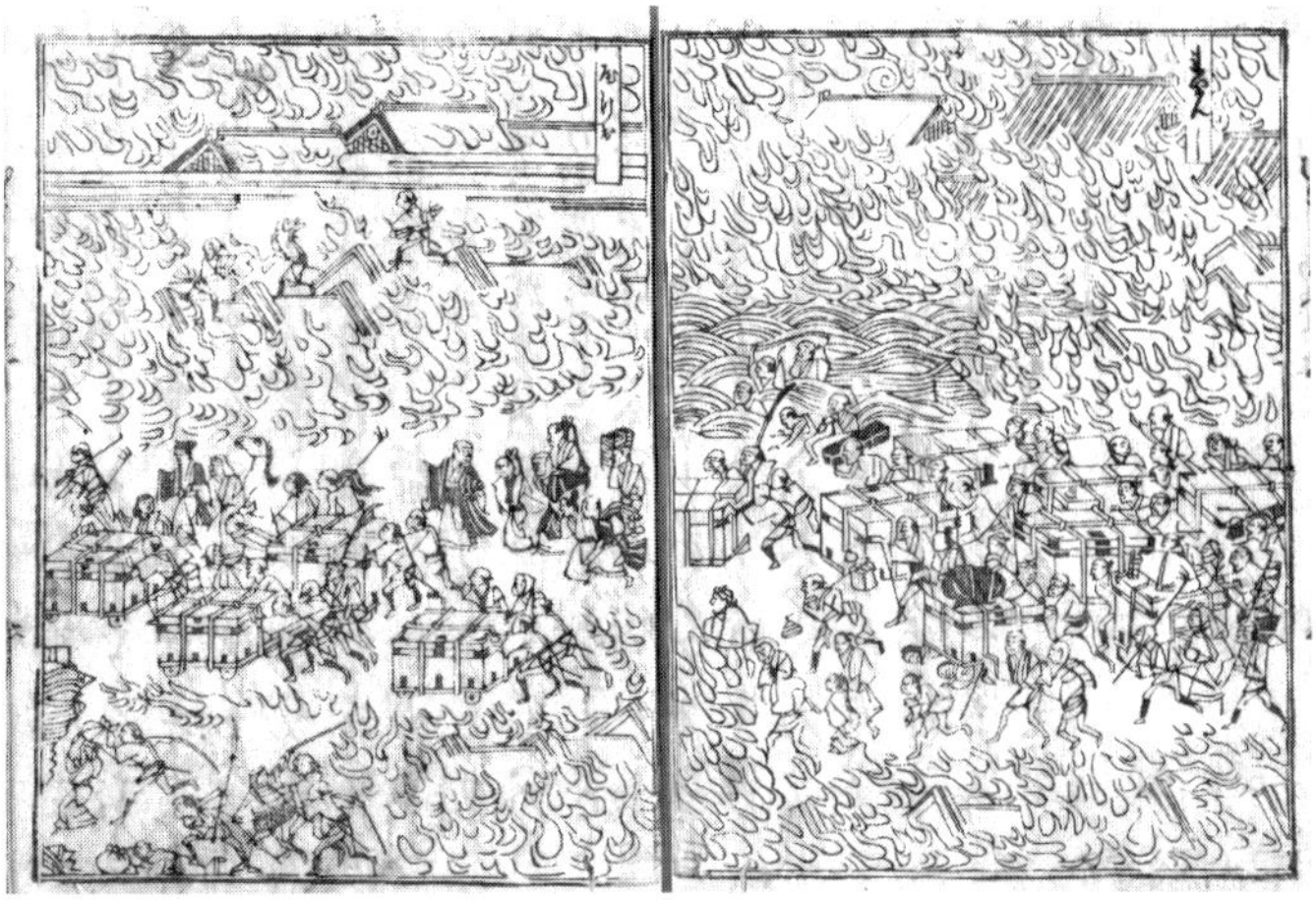

明暦の大火の様子（『むさしあぶみ（万治版）』国会図書館所蔵）

焼け残るという惨状だった。そのため、本丸にいた家綱は西の丸に移っている。

江戸城周辺の大名・旗本屋敷なども軒並み焼失したが、その後も火は収まらず、江戸の町に甚大な被害を与え続けた。鎮火したのは20日の午前8時のことである。この大火により、江戸の6割が焼失。焼死者も10万人を超えたとされる。

これほどの大惨事となってしまった理由はいくつか挙げられるが、何と言っても江戸の気象環境が大きかった。春先は南西風、冬には北西風の強風といった強い季節風が吹き荒れ、特に11月から翌年5月は空気が乾燥するため、出火すると手が付けられなかった。「火事と喧嘩は江戸の華」というフレーズに象徴されるように、江戸の町にとり火災は日常茶飯事の出来事で、冬場になると毎日というぐらい、どこかで火事が起きていた。

将軍のお膝元として人口が急増していたことも大きい。それは建物の密度の上昇を意味したからだ。その上、燃えやすい木造建築であったため、ひとたび火災に遭えば大災害に発展する危険性は高かった。

そんな懸念が現実のものとなったのが「明暦の大火」なのである。

### 江戸の復興とその費用

江戸の過半を焼き払っただけでなく江戸城までも焼失という未曾有の災禍に強い衝撃を受けた幕府は、江戸の防災都市化を強力に推し進めていくが、まずは焼け出された人々への応急措置が先決だった。

浅草の幕府米蔵から6000石もの米が供出され、市中6か所に建てた御救小屋《おすくいごや》で粥《かゆ》が配給されている。その期間は、鎮火した21日から2月2日までの10日間以上にもわたった。

さらに、紀州藩が国元から船積みして品川に回漕した米3000石が幕府に献上されたため、これをもって米を廉売した。当時は大火の直後ということで米価が高騰し、飢えに苦しむ者が多かったが、イコール米不足というわけでもなかった。売り惜しみにより米を高く販売する事例がみられたため、廉売することで売り惜しみを防ぐとともに米価の引き下げを狙ったのである。

生活に窮したのは町人だけではない。幕臣の旗本や御家人にしても同様だ。幕府は俸禄の前借を許している。

2月9日、幕府は江戸城の再建を今年は行なわず、市中の復興を優先させる方針を固めた。そして、罹災《りさい》した諸大名や幕臣に対し、石高に応じて金銀を下賜あるいは貸与しはじめる。例えば、水戸藩は銀5000貫目を下賜された。これで江戸藩邸再建の費用に充てよというわけだが、これだけでは到底足りなかった。

参勤交代制により隔年での江戸在府が義務付けられたことで、諸大名は幕府から江戸城の周辺に広大な土地を与えられた。いわゆる大名屋敷で江戸藩邸ともいうが、土地は無償だったものの、住む建物は自費で建てることになっていた。そうした事情は幕臣にもあてはまる。

その原則を踏まえれば、幕府としては破格と言ってもよい好意だった。罹災した大名や幕臣にとっては雀の涙程度だったろうが、援助する側の幕府からしてみると、下賜金の総額が莫大な額にのぼったことは言うまでもない。なお、江戸の町にも家屋の再建に充てよということで銀1万貫目が下賜された。

翌万治元年（1658）から開始された江戸城の再建工事では、「御手伝」として諸大名が動員されている。石高1万石につき、人足を100人ずつ差し出すことになっていた。工

保科正之像（模本）。将軍の補佐役だった保科正之の建議により、江戸城の天守復興は見送られた（東京大学史料編纂所所蔵）

事は本丸天守台の石垣と各城門からはじまったが、天守台石垣を担当したのは加賀藩前田家である。以前の天守台は伊豆の石で築かれたが、今回は御《み》影石《かげいし》が用いられた。築かれた石垣は最後に4000人の石工が上削りしている。

9月晦日に天守台は完成したが、天守の建物が再建されることはなかった。天守は遠くまで見えるだけのことである。大災害の後でもあり、再建のため財を費やすべきではないとする将軍補佐役・保科正之の意見に従ったためと伝えられる。要するに、江戸城や城下町の復興に財を費やすべきというわけだ。

天守台に加えて各城門の再建も万治元年中に終わり、翌2年（1659）正月からは本丸御殿の再建がはじまる。越後村上藩松平家や信濃松代藩真田家など10人の大名が「御手伝」を命じられた。8月には完成する（『新編千代田区史』通史編）。

## 家康以来の「貯金」を食い潰しはじめる

明暦の大火から約2年後には江戸城の再建は完了したが、防災都市化のための都市改造は先行して進められていた。江戸城への延焼を防ぐため、大名屋敷をはじめとする武家屋敷、寺社、町屋敷を城外のみならず江戸郊外へ強制移転させたのである。

一方、幕府は焼け土を利用して赤坂・牛込・小石川の沼地を埋め立て、宅地として造成する。隅田川東岸の湿地帯だった本所・深川も宅地として開発が進んだ。幕府主導により、既存の市街地を超える都市基盤が造り上げられていった。

人口の増加を受け入れる環境が整ったことで、江戸は百万都市への道をひた走るが、幕府が一連の環境整備に莫大な費用を投じたことは想像するにたやすい。

江戸城の再建については伝家の宝刀とも言うべき「御手伝」の形を取ることで、幕府は諸大名に再建費を負担させたが、諸大名にしても江戸藩邸が焼失して窮地に立たされていた。さすがに、幕府も出費しないわけにはいかず、本丸の再建で93万両と米6万7000石余を支出している。

一方、武家の棟梁たる将軍の立場からすると、窮地に陥った諸大名には別に金銀の下賜・貸与という恩恵に浴させる必要があった。これは幕臣についてもあてはまる。

大盤振る舞いにより将軍の求心力が高まれば、おのずから権力基盤の強化につながる効果は確かに期待できた。だが、総額にすれば莫大な出費となったことは否めない。

明暦の大火からの復興過程で、想定外の臨時出費を求められた幕府の財政基盤は大きく揺らぐ。天守再建を断念したことも、そうした事情を物語るものだろう。

よって、歴代将軍から受け継いできた数百万両レベルの「貯金」に手を付けざるを得なくなる。江戸城の奥御金蔵などに蓄えられていた非常用の金銀だ。

その上、折悪しく年貢米収入が頭打ちになり、金銀の産出量も低迷していった。さらに、消費経済の進展により歳出が増えたことも相まって年間収支が赤字となり、「貯金」を食いつぶす傾向が強まるが、5代将軍綱吉の時代に入ると、そのスピードがにわかに速まるのであった。

07

【人件費増加、寺社修復、生類憐みの令…】

# 支出の大きい政策に熱中した綱吉

## 新将軍の影響で幕臣の数が一気に増加

明暦の大火に伴う江戸城や城下町の復興に要した臨時出費は、家康以来蓄えてきた金銀により賄えた。本丸の再建だけで年間の歳入をゆうに超える額であったが、それだけ幕府の「貯金」は莫大だった。罹災《りさい》した諸大名などへの下賜金や拝借金を差し引いても、大火から3年後にあたる寛文元年（1661）段階の数字では、江戸城の奥御金蔵にまだ380万両余も蓄えられていた。

ところが、その後は収入が頭打ちになる一方で支出は増大したため、財政状況が悪化しはじめる。年貢米収入が唯一の財源だった諸大名や旗本にしても同様の悩みを抱えていた。

藩士時代の柳沢吉保の禄高は約500石だったが、綱吉が将軍になると加増を重ね、表高は15万石を超えた（「柳沢吉保像（模本）」東京大学史料編纂所所蔵）

よって、幕府はその嘆願に応える形で拝借金を許可するが、それは支出の増大に拍車をかける結果となる。

約30年にわたった家綱の治世後半は幕府の財政状況が悪化の兆しをみせた時代だが、跡を継いで5代将軍となったのは弟の綱吉である。延宝8年（1680）5月、跡継ぎが得られないまま病没した家綱には弟の綱重《つなしげ》と綱吉がいたが、綱重は家綱に先立って死去しており、綱吉が将軍職を継承する。

綱吉は家綱のように世継ぎとして育てられておらず、長男だった家光や家綱のように生まれながらの将軍ではなかった。徳川宗家たる将軍家をいったん出て分家の館林《たてばやし》徳川家25万石の大名となったが、兄の家綱に跡継ぎがいなかったことで、宗家の当主に迎えられて将軍の座に就く。

そのため、将軍としての権威に欠けていたことは否めず、みずからの権威を高めることに非常に熱心だった。館林時代からの側近を重用して幕政に参画させ、幕政を主導していた老中たちの抑え込みをはかる。側用人に抜擢した柳沢吉保《やなぎさわよしやす》はその代表格であり、綱吉の意向が幕政に忠実に反映されるよう老中の前に立ち塞がった。

病弱の家綱は老中をトップとする幕府の統治機構に政務をまったく委ねたため、当時は将軍の権威が低下していたきらいは否めない。よって、綱吉はその権威を高めようとリーダーシップを発揮することに努めたのだ。

そんな政治姿勢には生まれながらの将軍ではなかった自分の立場を強固にする狙いも込められていたわけだが、政務を主導してきた老中からの反発は当然ながら避けられない。後世、綱吉や吉保の悪評が広まる背景にもなった。

綱吉が将軍として幕府に乗り込んだ際、館林時代からの家臣は幕臣団に編入された。綱吉が将軍となったことで、館林徳川家が消滅つまり幕府に吸収されたからだが、吉保をはじめ館林時代の家臣をみずからの楯とすることで、将軍の権威を高める狙いも秘められていた。

奉行の下で勘定所を取り仕切る勘定組頭の約半数も、館林徳川家から取り立てられた者で占められた。幕府財政を掌る勘定所への影響力を強めたい綱吉の意図も透けてくる。

だが、綱吉の将軍就任により、数百人ぐらい幕臣の数が増えたことで人件費は一気に増大する。幕府財政が赤字に転落する要因の一つとなるのである。

## 寺社の造営・修復ラッシュ

幕府が財政難に陥った理由は他にもあった。何といっても、寺社の造営や修築に投じた費用は莫大だった。これが財政難の一番の理由なのかもしれない。

綱吉は母桂昌院《けいしょういん》の影響もあって信仰心が篤く、寺社の造営・修復事業を積極的に展開した将軍である。その事例は106例も確認されるというが、どれくらいの金額が幕府の金蔵から支出されたのか。

貞享2年（1685）の日光山の堂社修復では約1万4327両、翌3年（1686）の熱田神宮修復では約9114両を支出している。元禄元年（1688）から9年（1696）までのデータによれば、のべ34の寺社の修復費として約22万9269両も支出したという（大野瑞男『江戸幕府財政史論』吉川弘文館）。平均すれば年間で2万両以上となる計算だが、幕府は諸大名に「御手伝《おてつだい》」を命じる場合もあったため、これが修復費のすべてではない。

新たに造営された寺院では、護国寺と護持院《ごじいん》の建立が双璧である。今も都内に立つ護国寺（真言宗豊山派）の開山は桂昌院の信任篤い亮賢《りょうけん》という僧侶だが、話は綱吉の父で3代将軍家光の時代にさかのぼる。

家光の側室の一人となった桂昌院（当時はお玉の方という）は男の子を産むことを念願していた。男の子ならば、将軍の座に就く可能性が出てくる。桂昌院には将軍生母の道が開けて

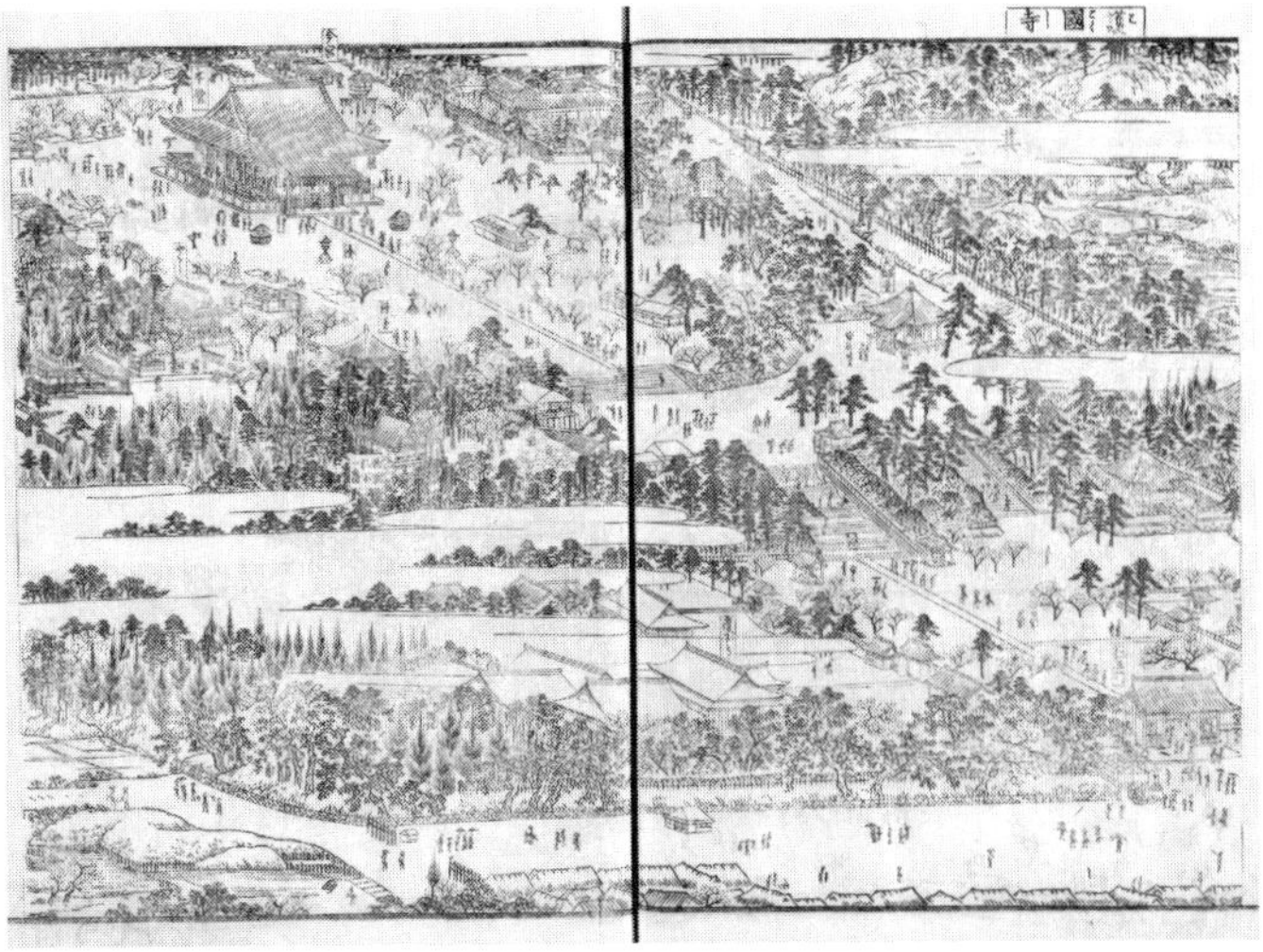

綱吉が創建した護国寺（『江戸名所図会』国会図書館所蔵）

くる。

そこで上野国《こうずけのくに》の護国寺の住職亮賢の祈祷を受けたところ、その甲斐あって綱吉を授かる。亮賢に深く帰依するようになった桂昌院は綱吉が5代将軍の座を射止めると、その翌年にあたる天和元年（1681）に、幕府つまり息子の綱吉を動かして亮賢を開山とする護国寺を創建させた。翌2年（1682）には巨大な堂社の数々が完成する。その後も、護国寺は幕府から物心両面の強力なバックアップを受けた。

桂昌院や綱吉が篤く信頼した僧侶は亮賢だけではない。亮賢が推挙した隆光《りゅうこう》の方が有名だろう。貞享5年（1688）3月、隆光が住職に任命された知足院の普請が江戸城近くの神田橋外（現千代田区神田錦町）ではじまるが、「御手伝」を命じられたのは播磨明石藩松平家だった。11月に普請は完了し、護摩堂、祖師堂、観音堂などから成る豪華壮大な堂社ができあがる。動員された人足《にんそく》はのべ19万５３１人に及んだが、元禄9年（１６９６）に至って知足院は元禄山《げんろくさん》護持院と改称された（高埜利彦『元禄・享保の時代』集英社）。

綱吉は将軍たる自分の権威を視覚化するものとして、護国寺や護持院をはじめ全国各地の寺社の造営や修復に力を入れたが、こうした一連の土木工事で財をなした豪商のシンボルこそ、元禄の豪商として名高い紀伊国屋文左衛門《きのくにやぶんざえもん》だった。

文左衛門は元禄11年（１６９８）の寛永寺根本中堂《かんえいじこんぽんちゅうどう》造営に必要な材木の調達を請け負ったことで、元禄を代表する豪商へとのし上がったと伝えられる。紀州蜜柑《きしゅうみかん》を江戸に運送して大儲けしたイメージが今なお強いが、実際は材木商として財を築いた人物である。将軍としての権威をアピールしたかった綱吉のお陰で、豪商・紀伊國屋文左衛門は誕生したとも言えよう。

華やかな元禄時代を象徴するかのように、綱吉は豪勢な生活を送ったと伝えられる。しかし、その生活費もさることながら、寺社の造営・修繕費用も幕府財政を悪化させた大きな要因だったことは間違いない。

## 犬小屋の費用を町人や農民に転嫁する

学問好きでもあった綱吉は、中国伝来の思想である儒教を通じて国内を統治しようと考えていた。一切の生類を大切にすることを目指し、貞享2年（1685）から発せられた生類憐みの令も儒教の教えに基づく仁政の一環だった。そもそもは戦国以来の殺伐とした気風を改めるための教化政策なのであり、家綱以来の文治政治を踏襲する施策だったが、そこで大きな役割を果たしたのが先に登場した護持院の隆光である。

隆光というと、犬を極度に大事にする生類憐みの令を出させた僧侶として知られるが、綱吉の跡継ぎ問題が背景にあったことはよく知られているだろう。なかなか跡継ぎの男の子を得られなかった綱吉を心配した桂昌院からの相談を受け、隆光はこう答えたという。

前世において何であれ殺生をしてしまうと、現世で子どもを授かることはできない。よって、跡継ぎを望むならば生あるもの、生類を大事にしなければいけない。特に綱吉は戌《いぬ》年生まれであるから、犬を大事にするように。

この隆光の勧めを受けた桂昌院は、綱吉をして生類憐みの令を出させるが、その内容は次第に極端なものになる。犬の場合でみると、犬が大八車《だいはちぐるま》などに轢《ひ》き殺されないようにせよ。

犬どうしの喧嘩は水をかけて引き分けるように。江戸市中のすべての飼い犬の数や毛色を帳簿に記載せよなどと、その指令は微細にわたった。もちろん、犬を傷つけたりすれば厳罰が待っていた。

その結果、人々は後難を恐れて犬を飼育しないようになり、野犬が急増してしまう。止むなく、幕府は野犬の収容小屋を建設するため四谷（約1万9000坪）や大久保（約2万5000坪）、中野（約29万坪）に広大な土地を確保した。中野の犬小屋には10万疋《ぴき》以上も収容されたという。

設営費の大半は諸大名に負担させたが、飼育経費は幕領の農民や江戸の町人に負担させている。農民には高100石につき米1石、町人には間口1間につき金3分ずつ徴収した。

江戸近郊の農村に対しては、野犬を強制的に預けて飼育させている。幕府は「御犬養育金」として、犬1疋につき年間で金2分ずつ下賜したが、とても足りなかった（竹内誠『元禄人間模様』角川選書）。

生類憐みの令に典型的だが、綱吉の政策は諸大名だけでなく、町人や農民にも財政負担を転嫁する傾向が強かったのである。

08

## 【貨幣改鋳で数年分の収入を得るも…】景気をとるか威厳をとるかで衝突

### 金銀産出量の低迷と海外流失

綱吉の時代、幕府は支出が増大する一方で、収入は頭打ちとなっていたが、その理由は主に二つ挙げられるだろう。一つは年貢量が減ったことである。

高度経済成長を支えた全国的な新田開発が一段落したため、国内の農業生産力は上限に迫ろうとしていたが、すでに年貢量は伸び悩んでいた。6代将軍家宣の政治顧問を務めた儒学者・新井白石の著作『折《おり》たく柴《しば》の記《き》』によれば、綱吉の時代の年貢率は3割を切ったという。

現場で年貢徴収にあたる代官や手代の不正が原因とみた綱吉は、その粛正を強く打ち出す。将軍就任早々の延宝8年（1680）8月、大老・堀田正俊《ほったまさとし》をして代官の服務規定7箇条を布達させた。

農業により国が成り立っているにもかかわらず、代官のなかには農村支配を配下の手代に任せきりの者がいる。農民を私的な作業に動員したり、金・銀・銭・米を高利で貸し付ける者もいる。年貢をすべて取り立てず、後任代官の仕事として先送りする者までいるとして、そうした行為を厳禁したのである。

翌天和元年（1681）2月、勘定所は全代官の年貢徴収状況を調査し、未納分を把握する。その上で不正代官の処分を開始した。綱吉の時代に斬罪を含む厳罰に処せられた代官の数は34名に及んだが、その大半は天和年間（1681〜84）に集中している。

同2年（1682）には奉行の職務もチェックできる勘定吟味役が新設され、勘定所への監視を強めた。この時期の綱吉主導の綱紀粛正は歴史教科書でも「天和の治」と評価されるが、年貢量の劇的な回復までには至らなかった。

もう一つは、直轄鉱山からの金銀産出量が低迷したことである。

江戸初期の段階では戦国時代以来の鉱山開発ブームが続いており、金銀の産出量は増加を続けた。とりわけ銀の産出増は目覚ましかったが、無尽蔵ではない以上、産出量が減少に転じるのは時間の問題であり、幕府は金貨や銀貨の鋳造に苦しむようになる。

国内産の金銀の過半が金貨や銀貨として海外に流出したことも大きかった。幕府は慌てて需要が大きかった銀の輸出を禁止するが、時すでに遅しであった。

新井白石の『折たく柴の記』によれば、慶長6年（1601）から宝永5年（1708）までの間に、幕府が鋳造した金貨の4分の1が、銀貨に至っては4分の3が輸出つまりは海外に流失した。金239万7600両、銀37万4000貫が中国産の生糸や絹織物などを購入するための支払いに消えた。

白石によれば、これは表に出た数値に過ぎず、実際はその数値を上回るものだったという。通貨ではなく、金や銀のまま輸出された分も多かっただろう。

通貨の鋳造権を独占する幕府としては、金貨や銀貨を発行すれば、その鋳造経費を差し引いた分をそのまま歳入に組み込めた。しかし、国内の金銀産出量が低迷した上に海外に大量流出したことで、原料の確保に窮する。

よって、金銀貨の発行量を増やすことはなかなか難しかった。その上、年貢量が頭打ちで、支出も増大する一方であり、当然ながら年間収支は赤字へと転落する。家康以来の幕府の「貯金」に手を付けざるを得なかったが、このままでは城内備蓄の金銀が底を突くのは時間の問題だった。

## 元禄の改鋳と荻原重秀

窮した幕府は通貨の改鋳を決断する。金貨は金と銀、銀貨は銀と銅が原料だったが、金貨の金含有率、銀貨の銀含有率を引き下げることで、その分鋳造量を増やそうと目論んだ。つまり、増加分の金貨や銀貨も支出に充て、財政危機を乗り切ろうとしたのである。

金や銀の純度を下げ、いわば水増しすることで金銀貨の発行量を増やそうとしたわけだが、これは通貨の鋳造を独占する幕府にしかできない芸当だった。

元禄８年（１６９５）８月、幕府はそれまでの慶長小判（一分金）、慶長丁銀（小玉銀）の回収を進めるとともに、元禄小判（一分金）、元禄丁銀（小玉銀）の鋳造を開始する。回収した慶長金銀は元禄金銀の原料となるが、両金銀の重さは同じであるものの、金や銀、銀や銅の含有率は異なっていた。

元禄小判の場合、金の含有率が86・８％→57・４％となり、約30％も引き下げられた。その分、銀が多く含まれたわけである。元禄丁銀の場合、銀の含有率は80％→64％となり、その分、銅が多く含まれていた。

金や銀の含有率を引き下げた分、幕府は金貨や銀貨を大量に鋳造できるようになった。その分、幕府の収入が増えた。

増収分は「出目《でめ》」と呼ばれた。通貨の品位つまり質を下げることで得られた臨時収入である。

この時の改鋳で得た出目は約５００万両ともいわれる。当時の幕府の歳入は１００万両強であり、数年分の収入を労せずして得られた計算だった。

この改鋳を建議したのは、幕府の財政を預かる勘定所で吟味役を務める荻原重秀である。重秀は佐渡金銀山の支配にあたる佐渡奉行を勤めた経験もあり、金銀の産出動向には通じていた。元禄の貨幣改鋳の功績により、翌９年（１６９６）に勘定奉行へ昇進する。

改鋳は金銀貨の鋳造所である金座や銀座ではなく、本郷の霊雲寺《れいうんじ》近くにあった大根畑で行なわれた。大根畑に造幣工場を臨時に設け、職人を集めて改鋳の作業にあたらせたのである。

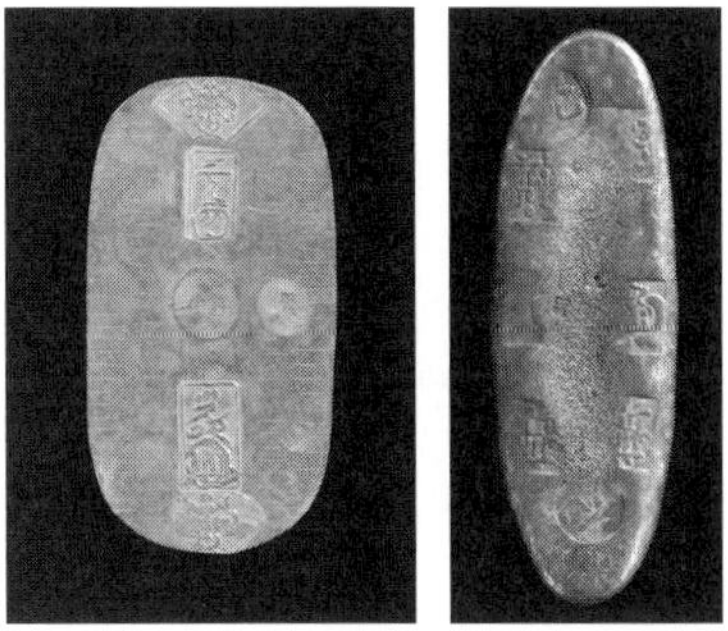

元禄小判（左／長径 7.3cm、短径 3.8cm）と元禄丁銀（右／長径 9.9cm、短径 3.4cm）（東京国立博物館所蔵／出典：ColBase）

幕府は財政逼迫を理由として、金銀貨の質を落とした元禄の改鋳に踏み切った。これにより金銀貨の発行量が大幅に増えたため、幕府の財政危機は一時的に救われたが、万事うまくいったわけではない。

質が落ちた金貨や銀貨が大量に出回ったことで、通貨の価値がおのずから下がり、インフレが引き起こされたからだ。流通量の増大が商品経済の発展を促した面もあったが、インフレのため物価が上昇して庶民の生活が苦しくなったのもまた事実だった。

庶民は幕府への不満を募らせる。

しかし、これに味をしめた幕府は再度の改鋳に踏み切る。宝永6年（1709）に叔父綱吉の死を受けて6代将軍に就任した家宣は、翌7年（1710）4月に宝永小判（一分金）、宝永丁銀（小玉銀）の鋳造を開始させたが、この時の改鋳も引き続き荻原が主導した。

宝永の改鋳では、金の含有率が慶長金と同レベルにまで引き上げられたが、問題は重さだった。宝永金は慶長金の約半分の重量しかなかったため、金の含有量も約半分だった。含有率が引き下げられた元禄金と比較しても、重さが半分しかなかった分、含有量は約76％に減った計算である。

つまり、金の含有量が元禄金よりも減った分、出目として幕府の収入が増える仕掛けが施されていた。

宝永小判は「二分小判」と俗称されたという。額面は1両だが、重さは半分であったため、1両の半分にあたる2分の価値しかないとみなされたのだ。実際、金の含有量は慶長小判の半分で、その重さも半分だった。

宝永の改鋳で幕府財政は再び救われたものの、通貨の価値が一層下がったことで、さらなる物価上昇（インフレ）は避けられなかった。庶民の不満はさらに増していく。

## 正徳の改鋳と新井白石

財政逼迫を理由にした勘定奉行・荻原重秀主導の改鋳政策に対し、幕府内には強く反発する人物がいた。先に登場した新井白石である。白石は家宣が将軍に就任する前から、その政治顧問のような立場にあったが、家宣が将軍の座に就くと侍講《じこう》に任命され、政治顧問として幕政に大きな影響力を及ぼす。

白石は金銀の含有率を引き下げて通貨の品位を落とすことは、鋳造者である幕府の威信を低下させるものという考え方の持ち主だった。国辱とまで考えており、2度の改鋳の立役者である重秀を退けるよう家宣に諫言《かんげん》を繰り返した。

正徳2年（1712）9月、重秀は白石の弾劾を受け入れた家宣により勘定奉行を罷免されるが、その直後の翌10月に家宣は死去する。わずか5才の嫡男家継が7代将軍の座に就くが、侍講に留任した白石は引き続き幕政に関与し、改鋳の準備を進めた。

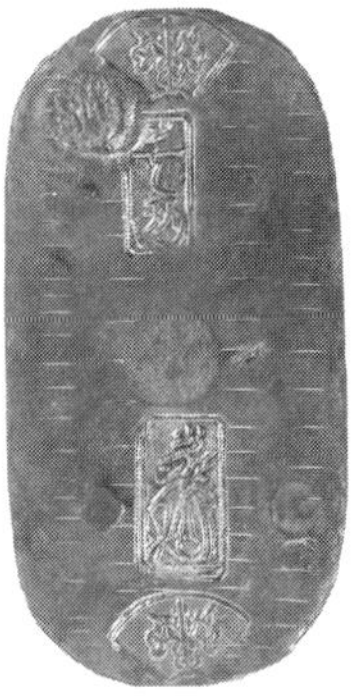

金の含有率を下げた宝永小判。長径約6.1cm、短径約3.2cm（日本銀行貨幣博物館所蔵）

同4年（1714）5月、幕府は慶長金銀の品位に戻す改鋳を断行した。宝永小判の品位は慶長小判と同じであったものの、重さは半分であったため「二分小判」と揶揄されたが、今回の正徳小判の重さは慶長小判とほぼ同じになっていた。質量ともに慶長小判に戻したのである。

となると、前2回の改鋳の背景に金銀産出量の減少問題があった以上、原料の確保が焦眉の急となる。正徳5年（1715）1月、幕府は海舶互市新令《かいはくごししんれい》と呼ばれる貿易制限令を発した。長崎に来航できるオランダ船や中国船の数と貿易量、そして輸出品を限定することで金銀の流出を防ごうとはかる。すでに銀は輸出禁止としていたが、守られていなかったのが実態だった。

同令では、輸出品として俵物《たわらもの》や伊万里焼《いまりやき》などの美術工芸品が指定された。前者が中国向けの輸出品で、後者がオランダ向けの輸出品だが、その代わり金銀の輸入を目指した。何としても金貨・銀貨の原料を確保したかったのである。

幕府は貿易制限により金銀の流出を防ぎ、逆にその流入をはかったが、原料不足を改善するまでには至らなかった。よって、元禄・宝永金銀に比べれば鋳造量の減少は避けられず、流通量も減少する。その結果、商品経済は停滞し、元禄の好況から一転、不況に陥る。

幕府にしても今回の改鋳では増収分（「出目」）が期待できなかったため、再び財政難に陥る。白石は支出の削減にも努めることで財政難を乗り切ろうとするが、それだけでは限界があった。幕府財政は再び火の車となる。

# 09

## 【再建費100億円以上で担当者困惑】金はないのに大仏修繕に巨額を出費

### 露座の大仏だった奈良の大仏

寺社の造営・修復に熱心だった綱吉は、奈良の大仏殿《だいぶつでん》再建にも深く関与している。その関与がなければ大仏殿は再建できず、鎌倉の大仏のように今も露座《ろざ》のままであったかも知れない。戦国時代から綱吉の時代までの約140年間、現在の大仏殿はなく、奈良の大仏は鎌倉の大仏のように露座の大仏だったからである。

時代は奈良時代にさかのぼる。

時の聖武天皇の発願《ほつがん》により、平城京で大仏の造像工事がはじまったのは天平19年（747）のことである。天平勝宝3年（751）には大仏殿もほぼ完成し、翌4年（752）4月、開眼供養《かいげんくよう》が盛大に執り行われた。

都が京都（平安京）に遷された後も、東大寺の大仏は人々の篤い尊崇を受けたが、鎌倉幕府が誕生する直前の治承4年（1180）に悲劇が起きる。

当時、平清盛の専横に対する反発が国内に兵乱を巻き起こしていた。源頼朝をはじめとする源氏が打倒平家を号して各地で挙兵したが、奈良の有力寺院も平家への抵抗姿勢を隠さなかった。

このため、清盛の息子平重衡《しげひら》は軍兵を率いて奈良を焼き討ちにするが、その兵火により、東大寺は大仏殿をはじめ伽藍《がらん》の大半を失う。大仏も大きな損傷を受けた。

翌年から、東大寺は大仏や大仏殿の再建に取りかかるが、その中心となったのが重源上人《ちょうげんしょうにん》である。文治元年（1185）に大仏の開眼供養、10年後の建久6年（1195）には大仏殿の落慶《らっけい》供養が執り行われた。

大仏殿は再建されたものの、鎌倉そして室町時代を経て戦国の世に入ると、再び紅蓮の炎に包まれる時がやってくる。大和国では松永久秀と三好三人衆と呼ばれた武将たちの間で激しい戦いが繰り広げられていたが、その兵火が大仏殿に及び、再び灰燼《かいじん》に帰した。永禄10年（1567）10月10日のことである。

今回は前回のように、すぐには再建に着手できなかった。戦乱の世であり、とても再建にまで手が回るような状況ではなかったのだ。大仏を覆う仮屋を作るのが精一杯だったが、その仮屋にしても慶長15年（1610）に倒壊してしまう。

長期間、風雨に晒《さら》されたため、大仏の損傷が激しかったのは言うまでもない。「露座の大仏」と称されたまま、江戸開府を迎える。

## 公慶上人と大仏の修復

江戸開府となり、その後泰平の世となっても、奈良の大仏は露座の大仏のままだった。そんな現状を慨嘆し、大仏の補修そして大仏殿の再建に立ち上がった僧侶がいる。東大寺の公《こう》慶《けい》上人である。

東大寺の大仏殿再建に尽力した公慶（『肖像集』国会図書館所蔵）

貞享元年（1684）5月、公慶は大仏補修と大仏殿再建の費用を得るためとして、幕府に勧進《かんじん》の許可を願い出る。勧進とは寺社の建立・修繕のために金品を募ることで、勧化《かんげ》とも言う。公慶としては単なる勧進ではなく幕府の許可を得た勧進とすることで、募金が順調に進むことを期待した。

幕府はその願いを認めなかったものの、東大寺による勧進は「勝手次第」という見解を示した。公慶はこの見解をもって幕府から許可を得たと称し、勧進を開始する。まずは、大仏の補修費用を確保することが当面の課題だった。

前回の大仏殿再建で、重源上人は柄杓《ひしゃく》や東大寺の霊宝を用いながら勧進を展開した。公慶はこの例に倣って東大寺から柄杓や霊宝を借り受け、地元の奈良から勧進をはじめる。11月より東大寺塔頭《たっちゅう》の大喜院で「大仏縁起」の講話をおこない、柄杓や霊宝を展示したが、反響は大きく大喜院には参詣者が群集する。

翌2年（1685）3月からは、江戸でも勧進した。その後も奈良はもとより、京都や大坂などで勧進を展開し、浄財が順調に集まっていく。

東大寺はこの浄財をもって大仏の修復作業に着手し、元禄4年（1691）2月晦日《みそか》に修復が完了する。この年のうちに大仏の仮屋と台座も作られたが、修復費は総額で1万両を超えた。それだけ、勧進により浄財が集まったのだ。翌5年（1692）3月からは大仏開眼供養が執行される。

大仏の修復が完了すれば、次は大仏殿の再建となるが、再建には18万両もかかると見積られていた。現状の勧進方法では必要額を集め切るのに相当の年月を要するのは明らかで、幕府から援助を受けることがどうしても必要であった。

ここで登場するのが、時の将軍綱吉と母桂昌院から崇敬されていた隆光である。隆光は大和国の出身で故郷奈良の仏教復興に尽力した人物でもあったことから、公慶の活動には非常に好意的だった。

隆光は綱吉、桂昌院、側用人の柳沢吉保に引き合わせるなどして、幕府のバックアップが受けられるよう奔走している。その過程で、公慶が桂昌院から篤い信任を得たことは実に大きかった。

元禄6年(1693)2月29日、桂昌院の住む江戸城三の丸御殿に参上した公慶は「大仏縁起」を講じ、東大寺の宝物をその上覧に供した。桂昌院は奉加《ほうが》として金子《きんす》を与えると、この後も何度となく大金を与えている。

翌7年(1694)11月16日、公慶は吉保から、大仏殿再建のため遠慮なく寄進するよう諸大名に申し渡したと伝えられる。桂昌院からの強い働きかけがその裏にあったことは想像するにたやすい。

同9年(1696)5月21日、公慶は江戸城本丸御殿に登城して、重源が使用した勧進柄杓を綱吉の上覧に供した。綱吉からは銀1000枚を下賜されたが、それだけではない。かつての規模で大仏殿を再建したいという綱吉の意思も伝えられる。これにしても、桂昌院による働きかけの賜物だった。

## 縮小された大仏殿

桂昌院の強い意向を受け、大仏殿再建は幕府の威信をかけたプロジェクトに転化した。その責任者となったのは元禄の貨幣改鋳を主導した勘定奉行・荻原重秀である。

しかし、元禄の改鋳により幕府財政の危機を救った荻原をもってしても、再建費18万両をひねり出すのは至難の技だった。1両が10万円だとすれば180億円だ。かつての規模で再建せよと指示された荻原は窮し、公慶の方から規模の縮小を申し出て欲しいと密かに依頼してきた。綱吉への手前もあって、自分からは言い出せなかったからだ。

公慶にしても、かつての規模での再建にこだわってしまうと、再建がいつの日になるかわからない現実はよくわかっていた。止むなく荻原の要望に応えて規模縮小の願書を幕府に提出し、認められる。元禄12年（1699）のことであった。

両者間の下交渉の末、約3分の2の規模での再建となり、再建費は10万両にまで引き下げられた。幕領と私領（大名・旗本領）で半分ずつ負担する予定だった。

幕領の分は幕府が出金を命じれば済む話だが、私領の分は公慶が勧進して集めることになっていた。ところが、単に寄付を募るだけでは目標額には到達しない現実に直面した公慶は、再び桂昌院にすがる。

元禄14年（1701）3月、幕府は諸大名に対し、石高に応じて再建費を差し出すよう命じた。公慶からの働きかけを受けた桂昌院の強い意思が再び幕府を動かしたのだ。こうして、再建費10万両が幕府のもとに集められていく。

大仏殿が再建されたのは、宝永5年（1708）6月26日のことである。費用の総額は12万1294両に及び、予定の額を超過してしまうが、私領で5万両以上集めることができたため、費用は充分に確保できた。

約140年ぶりに再建された大仏殿であったが、公慶そして桂昌院も再建の日を迎える前に、この世を去っている。大仏殿落慶大法会は翌6年（1709）3月から執り行われたが、その直前の正月10日に綱吉もこの世を去る。

綱吉の晩年に大仏殿はようやく再建されたものの、その中門や廻廊の再建はこれからであった。大仏の背後に付けられた光背も同様だ。すべてが再建されたのは元文4年（1739）のことであり、公慶が勧進の許可を幕府に願い出てからすでに50年以上の月日が経過していた（安藤優一郎『大江戸お寺繁昌記』平凡社新書）。

# 10

## 大名から集めた資金を流用する幕府

### 【富士山が突然噴火 そのとき幕府はいかに動いた？】

#### 富士山の宝永大噴火

元禄文化というフレーズに象徴されるように、華やかなイメージが強い綱吉の時代は、実は災害が結構多い時代でもあった。とりわけ晩年に入ると、地震や噴火が立て続けに起きている。

元禄16年（1703）2月4日、大石内蔵助《おおいしくらのすけ》たち赤穂浪士46人が幕府の命により一同切腹して社会に大きな衝撃を与えるが、同じ年の11月22日（23日）、関東では「元禄地震」と呼ばれる大地震が起きる。しかし、4年後の宝永4年（1707）10月4日に起きた地震はそれを上回る規模であり、東海から南海にかけて大きな被害をもたらした。マグニチュード8・

4という。房総から九州の太平洋沿岸にかけては津波も襲った。「宝永地震」と呼ばれた大地震の余震が収まらないなか、翌11月23日の朝に今度は富士山が大噴火する。噴火は12月9日まで半月ほど続き、駿河・相模・武蔵国など周辺地域に甚大な被害をもたらした。この年の噴火は「宝永大噴火」と呼ばれている。

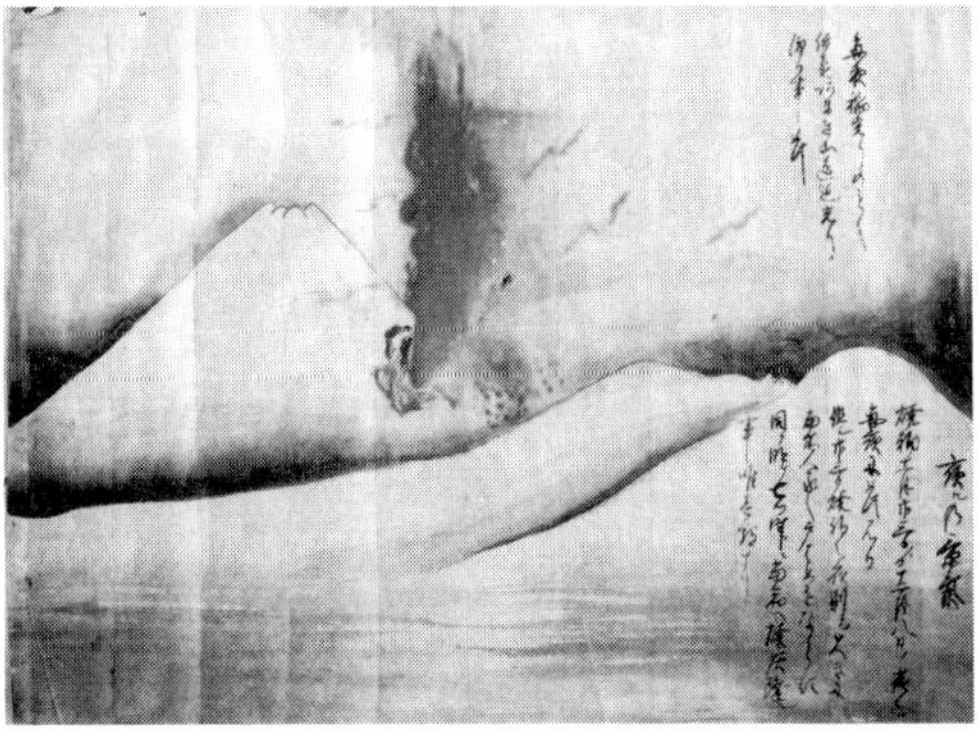

富士山噴火を描いた絵図。夜に火口から火柱が上がる様子を描いている（「富士山宝永噴火絵図（夜乃景気）」個人所蔵／静岡県歴史文化情報センター提供）

富士山に最も近い駿河国駿東郡《すんとうぐん》須走村《すばしりむら》では家屋37戸が焼失し、軽石や火山灰が3メートルも積もったという。潰れた家屋は36戸、寺院も三つ潰れた。神社も大破した。

火山灰は遠く水戸にまで降ってきた。江戸も例外ではなく、『折たく柴の記』によれば、雪のように降り注いだ白い灰は地面を埋め尽くし、草木も白くした。その後も灰が盛んに降ってきたため、江戸の人々は咳に悩まされたという。火山灰が降ってくるだけでなく、地鳴りや地震も頻繁だった。

この年の地震と富士山噴火により、3万人余が命を落とす。倒壊した家屋は約6万棟、流失した家屋も2万棟に及んだ。火山灰の被害を受けた田畑は30万石以上とも伝えられる。

事態を重くみた幕府は被災地の調査を開始する。とりわけ富士山にも近い小田原藩大久保家の領民たちは追い詰められていた。富士山から降ってきた灰や砂のため農地が埋もれ、食べるものがなくなってしまったからだ。例えば、駿東郡御厨《みくりや》地方などの田畑は2メートルもの砂で埋め尽くされたという。

小田原藩は領民たちの嘆願を受け、翌5年（1708）閏正月に入ってから御救米《おすくいまい》2万俵を与えたが、これだけでは足りなかった。砂を取り除くのに要する費用も支給しなければならなかったが、幕府は被害の深刻さを踏まえ、小田原藩独力で農地を復興させるのは無理と判断する。復興に必要な費用の負担に藩財政は耐えられないとみなした。

同じ閏正月、幕府は小田原藩領を当分の間は幕領として関東郡代・伊奈半左衛門《いなはんざえもん》の支配下に置くと通達する。同藩には幕領を割き、代地として渡した。幕府による復興が完了すれば小田原藩に返し、同藩に渡した代地は幕領に戻ることになっていた。

## 川浚いの御手伝と諸国高役金の賦課

幕府は小田原藩領を直轄地とすることでその復興にみずから乗り出した。主な対策としては二つ挙げられるだろう。一つは河川の浚渫《しゅんせつ》であった。

噴火のため砂や灰で埋まったのは農地だけではない。河川も埋まったが、問題はその流れがストップしたことである。そのまま放置すれば雨が降った時にスムーズに流れず、氾濫という二次災害が起きるのは避けられない。

宝永5年閏正月9日、幕府は岡山藩池田家、小倉藩小笠原家など5大名に対し、砂で埋まった酒匂川《さかわがわ》など相模国の河川の浚渫を命じる。伝家の宝刀の「御手伝」を大名に課すことで、幕府は浚渫に要する費用の負担から逃れるが、同じ御手伝でも江戸城の再建工事とは事情が少し異なっていた。

江戸城再建では御手伝を命じられた大名に作業も任せたが、今回の浚渫は幕府自身が作業にあたった。実際の作業は町人に請け負わせたものの、小田原藩領を支配する関東郡代・伊奈半左衛門が奉行として相模川などの浚渫を監督した。そして、浚渫費を5藩の大名に負担させる方式が取られたのだ。

もう一つは、砂で農地が埋まった駿河・相模・武蔵国の農村を対象に御救金を支給したことである。現代風にいえば災害復興支援金だが、問題は財源だった。幕府は閏正月付で、次のような触書を全国に向けて発している。

富士山噴火で被災した地域の復興に充てるとして、「諸国高役金」の名目で幕領・私領（大名領、旗本領）を問わず、国単位で高100石につき金2両ずつ取り立てる。ただし、寺社領や50石未満の土地は対象外とする。

富士山噴火という未曾有の災害からの復興を掲げることで、幕府は全国規模で支援金を取り立てる大義名分を得た格好だが、復興実現には速やかに徴収することが何よりも不可欠だった。

よって、農民からの納入を待っていては時間がかかるとして、領主の諸大名や旗本が当座は立て替え、諸大名は3月、旗本は6月までに幕府に上納するよう命じた。その後、農民から改めて取り立てよというわけだ。幕領は代官が取り立てている。

幕府が国単位で石高に基づき賦課した夫役は「国役《くにやく》」と呼ばれたが、みずから労役をもって勤めることはあまりなく、金納で済ませるのが普通である。これを国役金というが、今回の国役金の総額は金48万8770両と銀1貫8700匁余だった。

高100石につき金2両の割合で取り立てたため、逆算すると2450万石から徴収した計算になるが、これは当時の全国総石高にほぼ相当したという。

## 国役金の流用

川浚《かわさら》いの御手伝にせよ、支援金に充てるための国役金の賦課にせよ、幕府の懐が直接痛まない手法により復興を実現しようというのが、勘定奉行・荻原重秀率いる勘定所の考えであった。

金銀貨の質を大幅に落として発行量を増やすことで、何とか支出を賄っていた幕府からすれば、臨時出費はできるだけ避けたいところだった。よって、先にみた奈良の大仏殿の再建では幕領の農民や諸大名に費用の負担を転嫁した。今回の富士山噴火からの復興でもまったく同じスタンスを取ったが、実は全国から取り立てた国役金約49万両のすべてが復興に回されたわけではなかった。

被災した農民に御救金が支給されたのは事実である。宝永5年（1708）8月、先に登場した須走村で家屋が焼失した37戸に1333両、家屋が潰れた36戸には478両が支給された。他の村にも御救金は支給されたが、それだけではない。砂を取り除く費用などにも5万4480両余が支出された。

しかし、幕府が復興に使った費用は合計しても49万両に遠く及ばなかった。半分にも満たなかったが、その大半は財政難に苦しむ幕府が別の使途に流用したという（高埜利彦『元禄・享保の時代』集英社）。

江戸幕府の財政史をみていくと、こうした流用の事例は決して珍しくない。第四章に取り上げる事例からも明らかなように、今回の事例は氷山の一角に過ぎなかったのである。

第三章

# 財政再建に取り組む

～８代吉宗から10代家治まで～

綱吉の時代を境に深刻な財政難に陥った幕府は、通貨の品位を下げる改鋳で財政危機を乗り切るが、あくまでも緊急避難的な対応であった。勘定奉行・荻原重秀が主導した改鋳はインフレを引き起こして経済を混乱させる劇薬でもあり、幕府は財政再建に本格的に取り組むことを迫られていた。

そんな折、8代将軍の座に紀州藩主・徳川吉宗が就く。吉宗は享保の改革と呼ばれる幕政改革を断行したが、財政再建にも非常に力を入れた将軍だった。

吉宗はみずから倹約に努めることで支出削減の範を示す一方、積極的な新田開発や年貢率のアップにより、財源たる幕領からの年貢米を増やそうと目論む。そして極めて異例なことに、財政再建のためには諸大名に頭を下げることも厭わなかった。幕臣の俸禄米に不足するほどの財政事情であることを示した上で、石高に応じた米の上納を諸大名に命じた。歴史教科書でも必ず記述がある「上米令《あげまいれい》」である。

吉宗の財政再建策は成果を挙げ、年貢米の量も江戸時代を通じて最高値に達する。しかし、年貢率のアップは農民たちの激しい抵抗を招いた。幕府は年貢米に依存する財政構造の限界を悟る。

よって、運上金・冥加金という形で商業活動への課税を強化するとともに、利殖により歳入を増やす方針を打ち出すが、そこで取られたのが「公金貸付」の手法だった。幕府の公金を一般の金利よりも低利で貸し付けることで、その利息収入を歳入に組み込んだのである。

貸出先は大名や旗本だけではない。資産のある豪商や豪農などの町人、農民にも積極的に貸し出した。豪農や豪商側にしてみると、公金貸付を活用することで事業拡大の資金を低利で借りられるメリットがあった。

逆に、幕府が「御用金《ごようきん》」という手法で豪商や豪農から資金を調達することもあった。特定の政策を実施する財源に不足する場合、低利で強制的に借り上げたのだ。現代風に言えば公債の割当だが、財源不足に悩む幕府にしてみれば御用金も貴重な財源だった。

その一方、幕府は諸大名や旗本、幕領の農民に財政負担を転嫁する方針を強化した。河川の普請費を捻出するため「国役普請」のシステムを、寺社建造物の修復費を助成するため「御免勧化《ごめんかんげ》」のシステムを導入する。この二つのシステムにしても、幕府による隠れた資金繰りと言えるだろう。

本章では、幕府が財政再建のために取った資金繰りの手法の数々を明らかにする。

# 11 8代吉宗による我慢の財政再建

## 【倹約、課税強化、人件費抑制、上納依頼】

### 紀州藩主時代の財政再建

当時、財政難に苦しんでいたのは幕府だけではない。諸大名にしても事情はまったく同じだった。収入が頭打ちになる一方で、消費経済の発展により支出が増大したからである。幕府のように通貨を鋳造・発行できない分、財政難はより厳しかった。

総じて、諸大名は幕府以上に財政再建が焦眉の課題となっていた。綱吉の晩年にあたる宝永2年（1705）に紀州藩主の座に就いた徳川吉宗も、財政再建に力を入れる。

紀州藩もご多分に洩れず財政難で、すでに寛文8年（1668）には幕府から10万両を借り受けていた。この年の2月に江戸の紀州藩邸が焼失したが、さらに4月から8月にかけて領内が大旱魃《だいかんばつ》に遭う。藩邸の再建費が嵩《かさ》んだことに加え、年貢米収入が激減したことが拝借金の理由である。

再建後も、3度にわたって江戸藩邸が紅蓮の炎に包まれる。綱吉の娘鶴姫《つるひめ》が藩主・徳川綱《つな》教《のり》の正室だったことで、綱吉が2度にわたって藩邸を訪問（御成《おなり》という）しているが、その接待費も藩財政に重くのしかかった。

藩財政の再建のため、吉宗は日常生活を切り詰めることで支出削減の範を示した。具体的には食事や衣服を質素なものとしたが、これは将軍となった後も変わらなかった。1日2食で、朝夕食ともに一汁三菜。江戸城中で老中に出す料理も一汁一菜だった。絹は贅沢として、衣服は木綿のものを着用した。

徳川吉宗像（模本）。吉宗は紀州藩主として藩の財政再建に取り組み成果を挙げた（東京大学史料編纂所所蔵）

ただし、これだけでは支出の削減は不充分であり、人員整理は避けられなかった。江戸藩邸で雇用された下役の者80人のほか、大勢の奥女中にも暇を出して人件費のカットを断行している。

一方、収入の増加策としては、まず宝永4年（1707）から7年（1710）にかけて藩士に禄高の5%を上納させた。「二〇分の一差上金」という。

もちろん、主要財源たる年貢の増収にも努めた。年貢の賦課対象を拡大するため新田開発に力を入れるが、治水工事に長けた井沢弥惣兵衛《いざわやそべえ》たち技術者なくしてその成功はなかった。井沢たちは用水の整備や池の築造を着実に進め、紀州藩の年貢量は大幅に増える。井沢の手腕を高く評価する吉宗は将軍の座に就くと、幕臣に登用して幕府の新田開発事業にもあたらせた。

吉宗は8代将軍となる正徳6年(1716)まで足かけ12年にわたって藩政改革を推し進め、各部門で成果を挙げた。財政も立ち直り、「二〇分の一差上金」という形で上納させていた俸禄も藩士に返還された。将軍の座に就いた頃には、繰越金14万両、米11万6000石が紀州藩の藩庫に蓄えられるまでになる。

財政再建に成功したことで吉宗は名君としての評価を高める。その実績が将軍就任への追い風にもなった。

## 将軍として節倹に努める

吉宗が紀州藩主として財政再建に取り組んでいた頃、同じく財政難に苦しむ幕府に激震が走る。正徳6年4月、6代将軍家宣の忘れ形見だった7代将軍家継がこの世を去った。数え年で8歳という若さだった。

家継に跡継ぎはおらず、ここに徳川宗家の血統は絶える。初代将軍家康が万一の時に備えて創立した御三家の当主が徳川宗家、つまり将軍職の継承者として名前があがる時がやってきた。

これまでの代替りでは前将軍の意思が後継選びの決め手となったが、8才の家継では後継者の指名は難しかった。そこで浮上したのが前将軍家宣の遺命である。

家宣の御台所《みだいどころ》だった天英院《てんえいいん》が家宣の遺命と称し、吉宗に将軍の座に就くよう要請している。その真偽は定かではないが、家宣がこの世にはいない以上、その意思を伝えられていたという天英院の言葉が決め手となった。

吉宗は辞退したものの、重ねて天英院は将軍就任を説得した。尾張藩主の継友《つぐとも》も水戸藩主綱條《つなえだ》も将軍職を継ぐよう求めたため、吉宗も要請を受け入れる。

こうして、正徳6年改め享保元年（1716）に吉宗は8代将軍の座に就いた。財政難を克服するなどの治績を挙げて名君としての評価をすでに得ており、そうした評価が後継者選びでプラスに働いたことは想像するにたやすい。幕政を取り仕切る老中たちも、吉宗を将軍として江戸城に迎えることに賛意を示した。

紀州家から宗家を継いで将軍職を継承した吉宗は幕府の立て直しに邁進《まいしん》するが、財政再建にも強い意欲を持っていた。まずは紀州藩主時代と同じく、衣食など日常生活を切り詰める

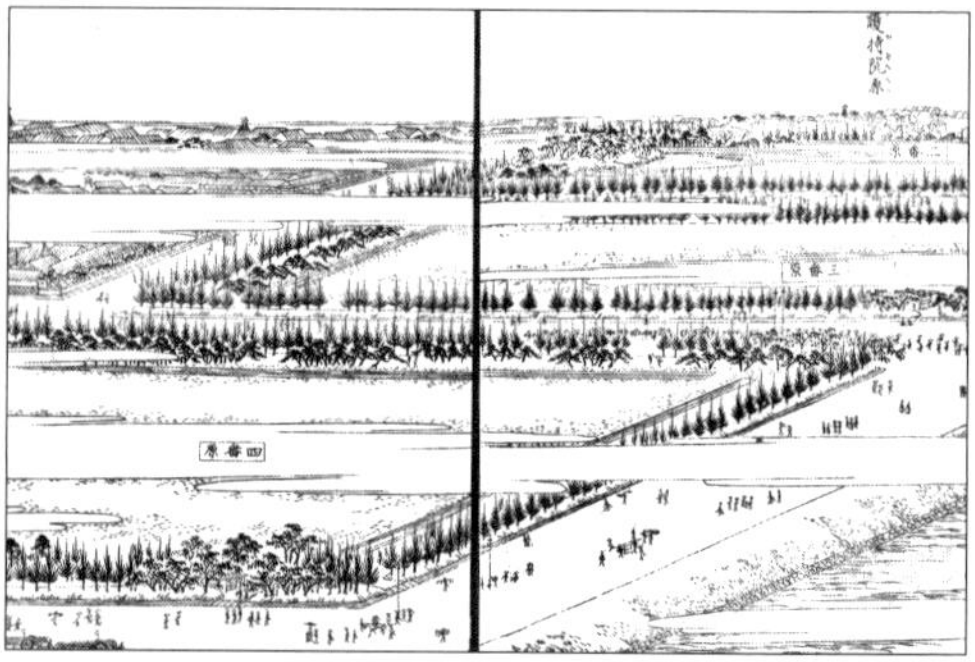

綱吉が神田に創建した護持院の跡地。大寺院だったために跡地も広大で、護持院原（ごじいんがはら）と呼ばれた（『江戸名所図会』国会図書館所蔵）

ことで支出削減の範を示す。食事や衣服を質素なものとした。

その上で、幕府の役人に対して経費の節減を命じる。倹約を繰り返し励行することで出費を極力抑え込もうと狙ったのだ。大名や旗本にも贈答品や衣服などに制限を設けることで、質素倹約をテーマとする幕府の方針に従わせた。経済の発展により消費支出が増えていたことに警鐘を鳴らし、華美に流れていた社会の引き締めをはかる。

吉宗の経費カットに聖域はなかった。歴代将軍関係の費用も例外ではない。あまりにも贅沢過ぎるとして、家継の棺の飾りをわざわざ質素なものに作り直させたのはそうした姿勢の表れだった。

享保2年（1717）に綱吉が創建した護持院が焼失すると、再建を許さずに護国寺と合併させたため、事実上護持院が歴史から消える。以後、幕府は両寺に修理費は出さない旨を申し渡し、合わせて2700石の両寺領から費用を賄うよう命じた。同年には奈良の興福寺も火事に遭った。幕府は朝廷から再建を要請されたが、これを拒否している。

同5年（1720）には寛永寺内に置かれた家光の廟所《びょうしょ》も焼けたが、この時も再建を許さず家綱の廟所に合祀した。その際には寛永寺に葬られる予定の吉宗の廟所も建立しない方針が明らかにされたが、吉宗が新たな出費をどれだけ避けたかったかがよくわかる事例である。

## 諸大名に米を上納させる

吉宗は紀州藩主時代と同じく、支出を極力切り詰める方針を堅持するとともに、年貢量を増やすことで財政再建を目指した。そのため、新田開発に力を入れるが、年貢が徴収できるまでには数年の猶予がどうしても必要だった。

鍬下年季《くわしたねんき》という言葉がある。荒地を開墾して新田とした場合も、開墾中として数年間は年貢を免除されることを指す言葉で、これは新田開発の際の慣例になっていた。その間の収獲をもって開発に投資した資金を回収させる仕組みだが、幕府からすると新田開発したからといって年貢米がすぐに入ってくるわけではなかった。

よって、新田開発の効果が出るまで数年を要したが、その前に幕府が窮地に立たされる。大半の幕臣の俸禄米は幕府の年貢米が充てられていたが、支給されない幕臣が出てきたのだ。俸禄米に回す年貢米に不足したからだが、これには理由が二つあった。

一つには年貢米を換金して将軍の生活費や幕府を運営する経費に回す必要が増えたこと、もう一つは幕臣の数が将軍の代替りごとに増えたことである。綱吉、家宣そして吉宗と分家の当主が将軍職を継いだ時、分家時代の家臣を幕臣として大勢取り立てたため、人件費の増大も財政難に拍車をかける要因となっていた。当時の幕臣の数であるが、旗本が約5000人、御家人が約1万7000人ぐらいに達していただろう。

幕府が幕臣への俸禄米にまったく不足したのは、享保7年（1722）のことである。諸国の城に非常用として幕府が預けていた兵糧米を転用するなどしてやり繰りしてきたが、それでも足りなくなる。このままでは幕臣数百人を召し放たなければならない。リストラである。

非常に危機感を強めた吉宗は、石高に応じて諸大名に米を上納させることで不足する俸禄米に充てようと決意した。すなわち、新田開発の効果が出るまで、諸大名からの上納米をもって急場を凌ごうとしたのである。

同7年7月、幕府の財政事情を包み隠さず明らかにした上で、諸大名に対して高1万石につき米100石の割合で上納させた。これを「上米令《あげまい》」という。

その代償として、諸大名には参勤交代制に基づく江戸在府期間を1年から半年に半減した。諸大名は江戸藩邸に大勢の家臣とともに1年間生活することで莫大な出費を余儀なくされており、在府期間の半減で支出が大幅に減ることが予想された。幕府はこの措置により、上米の負担は充分に相殺されるとみなしたのである。

参勤交代の軽減とセットで諸大名から上納された米の総量は、年間18万7000石に達した。これにより幕臣への俸禄米は確保されたが、あくまでも限定措置だった。新田開発の効果が出て年貢米が増え、財政収支が改善されれば解除されることになっていたが、それには8年を要した。

「上米令」が解除されたのは享保15年（1730）のことである。それに伴い、江戸在府期間は1年に戻された（大石学『吉宗と享保の改革』東京堂出版）。

## 12

## 【不正役人を解雇し勘定所の機能を強化】

# 年貢率はアップするも農民は不満

### 新田開発の奨励

綱吉の時代に幕領の年貢率は著しく低下し、新井白石によれば3割を切っている。代官や手代の不正に原因があるとみた綱吉は34名もの代官を処分したが、その後も幕府が期待したほど年貢量は増えなかった。そのため、吉宗も代官が農民から賄賂を取って年貢査定に手心を加えているとみなし、問題があった代官を大量に処分した。

ところが、解任した代官の数があまりに多かったため、後任の代官が充分に確保できない事態となる。止むなく、預地（預所）として年貢徴収の事務を近隣の大名に委託した幕領も少なくなかった。

吉宗は代官の綱紀粛正と並行して、財政再建の本部とも言うべき勘定所の機能強化を目指した。第一章で述べたとおり、勘定所は管掌する職務が多岐にわたったため、享保6年（1721）閏7月に年貢の徴収など財政面を担当する勝手方と、訴訟など民政を担当する公事方に分課され、事務処理の効率化がはかられている。

日本橋。新田開発を促す高札が立てられた（歌川広重『東海道五拾三次之内 日本橋 朝之景』ボストン美術館所蔵）

そして翌7年（1722）5月に、財政部門専任の老中（勝手《かって》掛《がかり》老中という）に篤く信任する水野忠之を充てた。勝手掛老中の水野を通して、年貢をどうしても増やしたい吉宗の意図がストレートに勘定所に伝わることを狙った。

勘定所の機構改革や代官の粛清を断行した吉宗は同年、勘定所内に「新田方」を新設し、さらなる新田開発を目論む。7月には、五街道の起点日本橋に新田開発を促す高札を立てた。

高札の趣旨は次のとおりである。新田として開発可能な土地があれば開発の許可を与えるので、五畿内の幕領で開発を希望する者は京都町奉行所、西国・中国筋の場合は大坂町奉行所、北国筋・関東は江戸町奉行所に出願せよ。

高札という形で新田開発の希望者を公募したのははじめてのことだったが、町奉行所が出願先に指定されていることから、幕府が町人の財力に大いに期待したことが窺える。

新田開発の事業に参入していた財力ある商人は開墾した農地の地主になると、小作人を雇って年貢を納めた。そして、小作人から別に取り立てた小作料で財を蓄えるのが定番となっていた。土地開発への投資により資産を拡大させたのである。

これに目を付けた幕府は町人に新田開発への投資を促すとともに、投資資本の15%を限度に小作料の徴収を認める。それまで小作料の徴収率に法的根拠がなかったことで新田開発に二の足を踏んでいた町人がいたのだろう。よって、幕府が小作料徴収にお墨付きを与え、その額を定めることで、新田開発に参入しやすい環境を整えようとしたのだ。巨額にのぼる開発資金を貸与という形で補助したことも同様の効果を狙ったものであった。

その結果、全国各地で新田開発の動きが活発となる。紀州藩領での新田開発で活躍した井《い》沢弥惣兵衛《ざわやそべえ》たちの優れた治水技術も追い風となって、大規模な新田が次々と生まれていった。吉宗が将軍となる前は約400万石だった幕領は約450万石にまで増え、江戸時代を通じての最高値に達する。

## 定免法の普及

吉宗は新田開発の奨励と並行して、年貢率のアップにも力を入れる。年貢の徴収方法を変更することで増収に繋げた。

その年の年貢率は収穫前に、代官や手代が作柄を実地調査した上で決めるのが慣例となっていた。これを「検見取法《けみどりほう》」という。毎年の収獲状況に即した合理的な徴税法だったが、年貢率の決定権が代官側に委ねられたことで、不正が入り込む余地が生まれてしまう。

そのため、減免を期待する農民側が贅を尽くして接待し、賄賂も贈って手心を期待するのが常だった。年貢率はなかなか上がらず、綱吉や吉宗が代官を大量処分する理由にもなる。

吉宗は検見取法に代わる別の方法を採用する。過去数年の年貢量をもとに、定額の年貢量を決めたのだ。一定期間、豊凶にかかわらず、その定額量を徴収する「定免法《じょうめんほう》」の採用である。

定免法ならば、不正が入り込む余地はない。農村側にしても接待などの費用もかからず、賄賂も不要となる。幕府側も定免法の採用により、毎年の年貢米収入が安定するメリットがあった。双方に有利な徴収法と言えよう。

ただし、不作が甚だしい年は特別に作柄を調査し、改めて年貢量を決めた。これを「破免《はめん》検見《けみ》」という。

こうして、享保7年（1722）から各地の幕領で検見取法から定免法への切り替えが実施されるが、数年の定免期間が終わると、幕府は年貢率の引き上げを条件に定免法の継続を認める。要するに、増税を呑ませた。

農民側からすると、毎年の収獲状況に応じて年貢を徴収されるよりも、年貢量は固定していた方が有利というのが本音だった。不作でも年貢量は変わらなかったものの、豊作ならば、収獲米がその分手元に残るのは魅力的であり、そうした農民側の事情を見透かした上で、幕府は年貢率引き上げつまりは年貢量の増加を条件に定免法の継続を認めた。現場の代官に対しては、互いに競わせる形で年貢率の引き上げに取り組ませた。

これにより、綱吉の時代には30%を下回っていた年貢率は上昇し、総じて50%にまで引き上げられる。新田開発により賦課対象が50万石も増えたこともあり、年貢量は大幅にアップした。享保元〜11年(1716〜26)は平均140万石余であったが、享保12〜15年(1727〜30)は平均156万石余に増え、しばらく年貢量は右肩上がりの状態を保つ。

## 重税に苦しむ農民たち

現在、享保15年(1730)時点の幕府の歳入と歳出の数字が残されている。その数字によると、歳入が歳出を6万両以上も上回っており、この頃には年間収支が赤字から黒字に転換していた様子がわかるが、それぞれの内訳からは以下のことが判明する。

◎幕府財政の内訳〈享保15年(1730)〉

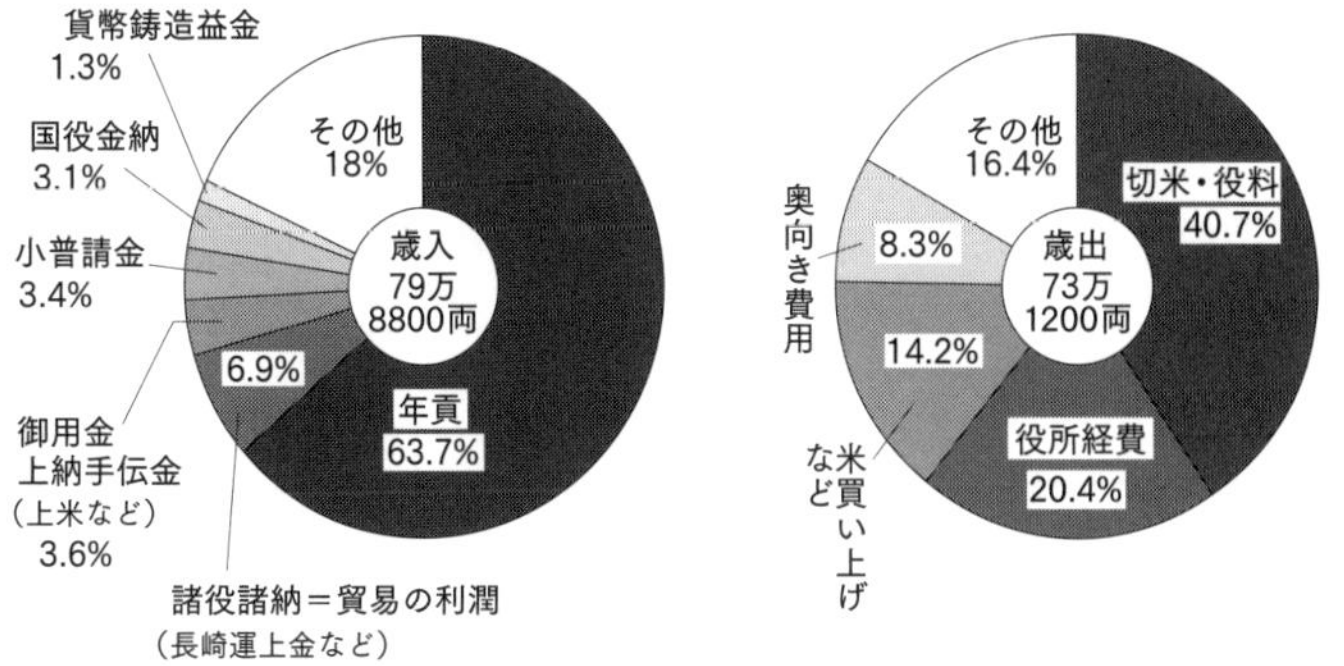


（『江戸博覧強記』所収の「幕府財政の内訳」などを元に作成）

歳入面では年貢がトップの60％以上を占め、主要財源だったことが数字上で確認できる。2番目の収入は貿易の利潤だが、年貢の10分の1ほどに過ぎず、年貢を増やすことが財政再建の近道だったことは一目瞭然である。

歳出面では幕臣に支給した「切米《きりまい》（俸禄米）と役料（役職手当）」がトップの40％を占め、人件費が大きな財政負担となっていたことも確認できる。2番目の支出は「役所経費」つまり幕府の運営費だが、4番目の支出である「奥向き費用」（将軍とその家族の生活費）もその半分近くに達しており、将軍自身が生活費を切り詰めることに効果があったことが窺える。

数字上、収支は改善しており、吉宗による財政再建が成功したことは間違いない。その最大の理由は年貢量の増加を実現したことであった。

この年には財政収支が改善されるまでの時限立法「上米令」が解除されている。恥を忍んで諸大名から米を上納してもらわなくても、幕領からの年貢米で幕臣への俸禄米は充分に賄えるようになったからだ。

吉宗の時代、年貢米の量は江戸時代を通じて最高値に達した。減る一方であった江戸城の奥御金蔵《おくおかねぐら》の金銀も増加に転じ、再び１００万両を超えるまでになる。

しかし、財政再建が実現したとはいえ、年貢米の増加が理由だった。それゆえ、重税にあえぐ農民が年貢徴収にあたる代官に反発し、激しい百姓一揆を起こすのは時間の問題となる。

幕府はこれに対し、武力と厳罰をもって農民の抵抗を抑え込むが、やがて年貢米に依存する財政構造の限界をみずから悟るのである。

## 13

## 【年貢収入が頭打ちになり新たな資金繰りを開発】

# 金融業に進出して低利で貸し付けを開始

### 商人らを対象にした運上金・冥加金の拡大

吉宗の享保改革により、赤字に転落していた幕府の財政は持ち直す。何といっても、主要財源の年貢米が大幅に増えたことは大きかった。収支は黒字に転換し、減る一方だった備蓄用の金銀も再び増えはじめる。

財政再建は達成されたかにみえたが、年貢量のアップとは農民の負担を重くするものでしかなかった。その激しい抵抗に直面した幕府は、これ以上年貢米を増やせない現実を思い知らされる。

逆に、享保改革の頃をピークとして幕領からの総年貢量は漸減していった。農民の抵抗に押され、現場の代官たちは年貢の減免を余儀なくされたことがわかるが、農民が逃げ出して耕作が放棄された農地も少なくなかった。その結果、農村の荒廃が進行し、幕領の総石高も同じく漸減したのである。

この傾向に拍車をかけたのが、天候不順による凶作だった。10代将軍家治の時代にあたる天明期（1781〜89）には、江戸の三大飢饉の一つに挙げられる天明の大飢饉が東北や北関東を襲い、餓死者も続出する。

天明の飢饉の様子を描いた絵図（「天明飢饉之図（部分）」福島県会津美里町教育委員会所蔵）

幕府は年貢米以外の財源に注目するようになるが、そこで登場するのが運上金・冥加金だった。運上金・冥加金は農業活動ではなく、商売や漁労、狩猟などの生業に賦課された税金のことである。商品経済の発展を踏まえて商業活動への課税が強化されたのだ。

この時代、商工業者は幕府や藩の認可を得て、株仲間という同業者の組合を結成する場合があった。株を所有していない者はその商売や職業に携われず、株仲間に所属する商人や職人が利益を独占できる仕組みとなっていたが、幕府はこれに目を付ける。

幕府は商工業者からの申請を受けて株仲間を積極的に公認する代わりに、運上金・冥加金を徴収した。利益の独占権と引き替える形で営業税を新たに賦課し、これを歳入に組み込んでいく。

## 公金貸付の拡大

運上金・冥加金の賦課という形で商業活動への課税を強化した幕府は、経済の発展を下支えしていた金融業にも本格的に乗り出す。利殖のため、幕府の公金を積極的に貸し出す方針を打ち出す。これを「公金貸付」という。

もはや年貢収入の増加が期待できないのならば、利殖により歳入を増やそうという戦略であった。公金を一般の金利よりも低利で貸し付けて貸付額を増やすことで、その利息収入も増やして歳入をアップさせようと目論む。

あまり知られていないが、幕府は主に勘定奉行配下の代官が窓口になる形で貸付事業を展開していた。貸出先は大名や旗本、資産のある豪商や豪農である。公金貸付とは別に、拝借金や取替金を許可することもみられたが、これは無利息だった。

享保17年（1732）、イナゴの大群のため西国の農地が荒らされて享保の大飢饉が起きると、幕府は西国諸大名に拝借金を許可している。領内が蝗害《こうがい》のため年貢が徴収できず、手元不如意となったことを受けて助け舟を出したのだ。江戸藩邸の焼失や領内の旱魃《かんばつ》を受け、寛文8年（1668）に紀州藩が幕府から10万両を借り受けた事例を102ページで紹介したが、これも拝借金である。

なお、大名が幕府からの公務を果たせるよう必要な費用を立て替える場合があったが、その場合は取替金と呼ばれた。

このように、拝借金や取替金は大名や旗本の窮状を救うための貸出金だが、公金貸付は幕府が利殖をはかるための貸出金である。その意図するところはまったく違っていた。「公金貸付」による貸付額は、9代将軍家重と10代将軍家治の時代にあたる宝暦～天明期（1751～89）以降激増する。ちょうど年貢収入に依存する財政構造の限界に直面していた頃にあたる。

その後も貸付額は増え続け、天保13年（1842）には259万両余にも達する。ちなみに、この年の拝借金は91万両余、取替金は16万両余だった。

これほどまで貸付額が激増したのは、何よりも低利だったことが一番の理由である。一口に公金貸付といっても様々な種類があったが、利息はおおむね年利10％前後に過ぎず、当時の相場ではかなり低い方であった。

質屋の公定利率は、金2両まで借用した場合は年利32％、10両までは年利24％、100両までは年利20％であった。公金貸付の倍以上だが、これよりも高利な貸金はいくつもあり、「日済貸し《ひなしがし》」の年利は85・7％、「百一文」に至っては360％である。「百一文」とは朝に銭100文を借りて、夕方に101文にして返すものだが、年利にすると360％となる計算だ（北原進『江戸の高利貸』吉川弘文館）。

いずれにせよ、公金貸付はかなりの低利であり、貸出を望む大名や旗本は少なくなかった。なかでも、事業拡大の資金を得たい豪農や豪商にとって魅力的な貸付事業であったことは間違いない。

その結果、貸付額は飛躍的に増え続ける。連動する形で利息収入も最盛期には年間20〜25万両にも達した（竹内誠『寛政改革の研究』吉川弘文館）。年貢収入には及ばなかったものの、減収に苦しむ幕府にとり大きな財源となったのである。

## 利息が助成金に化ける

天保13年（1842）には貸付額が約260万両にも達した公金貸付だが、そのすべてが幕府公金というわけではなかった。公金貸付の原資に民間の資金が含まれていたからである。

幕府公金は約3分の2にとどまり、残りの約3分の1は富裕な町人や農民、そして寺院からの出資金だった。これを「差加金《さしくわえきん》」という。

すなわち、民間資金を貸付の原資に組み入れることで公金貸付の拡大が可能になったが、原資を充分に供給できない幕府の苦しい台所事情も窺える。次項でみるとおり、別の理由で町人や農民から取り立てた御用金まで原資に流用している。

一方、公金貸付の原資として出資した町人や農民側からすれば、幕府という公権力による貸付であるから、仮に返済が滞っても強制執行してくれるという読みがあった。債権が強力に保護されるため、安全な出資と考えたはずだ。利息も確実に得られる。なお、貸付の主な窓口は全国各地に置かれた代官所で、事務経費として利息のうち6〜11%を受け取る決まりだった。

利息収入の使途だが、幕府の歳入に組み入れられただけではない。代官所による農村復興や河川修築などの費用にも充てられた。利息がいわば徴税の環境整備にも充てられたことで、その窓口でもあった代官は公金貸付を積極的に展開していく。貸付額が飛躍的に拡大する一因にもなった。

しかし、公金貸付も必ずしも順調に展開したのではなかった。積極的に貸出に応じたことで返済が焦げ付く事例も増えたからである。貸付額の拡大が利息収入の増大に結びつかなくなり、やがて幕府はその対応に苦しことになる。

# 14

## 【領民から金銭を集める御用金のしくみ】
# 富裕層をターゲットに金を強要

### 御用金という名の借金

幕府に限らず、大名や旗本などの領主が年貢や雑税以外の方法で領民から金銭を徴収できる名目は二つあった。献金と御用金《ごようきん》である。

献金は寄付金のようなもので領主側は返済する必要はなかったが、御用金は返済するのが決まりだった。3%程度の低利ではあるが、利息付で返済されることになっていた。

御用金は利息付の返済が建前であるから、献金に比べれば命じやすかったと言えるだろう。領民側としては断りにくかった。

そして、領主側の懐事情で返済期限を延ばすことも当たり前になっていたのが実情だった。

領主としての立場を最大限に活用したのである。

領主は様々な理由を掲げて御用金の上納を命じた。姫様が嫁入り、若殿様が江戸城にはじめて登城、先祖の法会《ほうえ》を執行するなどの理由を挙げ、富裕な領民にその費用を出金させた。領主は総じて財政難であり、そんな臨時出費を賄う余裕などなかった。急場凌ぎとして、富裕な領民に費用を負担させるのが定番だった。

出金額は、借り手の領主側から指定するのが通例である。御用金は献金とは違い、返済されるのが決まりだが、実際のところは返済が滞ることが多く、時代が下るにつれて献金と変わらないものになる。事実上の踏み倒しであった。

当然ながら領民側は不満を抱くが、ご領主様であるため無下《むげ》に断ることもできなかった。その減額を交渉するのが精一杯だった。

御用金を命じられた側の貴重な証言が残されている。証言者は武蔵国榛沢郡《はんざわぐん》血洗島村《ちあらいじまむら》（現埼玉県深谷市）の豪農・渋沢市郎右衛門《いちろうえもん》の長男として生まれた渋沢栄一だ。実家は血洗島村で村役人も務める一方、藍玉《あいだま》商売で財を築いた村有数の豪農である。

時代は下るが、安政3年（1856）に血洗島村の領主で武蔵国岡部藩主の安部家が領内各村に御用金を賦課した。安部家の所領を預かる代官のもとに出頭してきた領民たちは、御用金の上納を請け合うよう強く求められるが、そんな領民の一人が若き日の栄一だった。

村単位に、御用金は割り当てられた。血洗島村は１５００両と指定されたが、実際に負担を命じられたのは村内の豪農である。村一番の富家である渋沢宗助（市郎右衛門の兄）が１０００両、その次の市郎右衛門は５００両であり、村のナンバーワンとナンバーツーが御用金上納の対象となっていた。村内有数の豪農数名が上納を命じられた事情は、他村も同様である。

血洗島村が御用金の上納を命じられたのは、これがはじめてではない。すでに栄一の実家でも２０００両余の大金を調達していたが、さらなる負担を求めてきたのだ。今回の御用金調達の理由は定かではないが、呼び出された村では代官の意に従って御用金の調達を請け合う。内心、大いに不満だったが、泣く子と地頭には勝てないと甘受する。

渋沢栄一

だが、いくら領主といっても借り手である。領民と言っても貸し手だ。にもかかわらず、貸したものを取り返すように上納を命令してくるのは納得できない。借り手が貸し手に対し、居丈高《いたけだか》になって５００両もの大金の上納を命じるのは、どう考えても理不尽としか思えなかったと、栄一は自叙伝『雨《あま》夜譚《よがたり》』でその時の思いを語っている。

## 米価引き上げの財源となる

幕府も大名や旗本と同じように、幕領の富裕な町人や農民から調達した御用金をもって臨時の出費を賄ったが、三都などの大都市を直轄領としていたことは大きかった。日本を代表する豪商が数多く住んでおり、多額の御用金を上納させることが可能だったからである。幕府が三都をはじめ全国各地の重要都市を直轄したメリットが確認できよう。

幕府が最初に御用金を命じたのは、宝暦11年（1761）のことである。当時は豊作続きで、米価は低落していた。年貢米を換金して歳入に充てた幕府からしてみれば、米価低落とはその減少に直結する事態だった。

よって、幕府は市場に流通する米を大量に買い上げることで、米価の引き上げを目論む。これにより歳入の減少を防ごうとしたが、問題は買い上げに必要な巨額の資金だった。財政難であるから、手元にそんな資金はない。そこで、富裕な領民に御用金の上納を命じることで米穀の買い付け資金を確保しようとはかる。

この時に御用金が割り当てられたのは、「天下の台所」の異名を持つ経済都市大坂の豪商たちである。当時は大坂を筆頭とする上方の商人が江戸の経済つまり富を牛耳っていた。江戸に出店する豪商の大半は上方に本店を構えており、江戸店はその出張所のような位置付けだった。

以後、幕府は大坂のほか堺・兵庫・西宮《にしのみや》の豪商、周辺農村の豪農にも御用金を何度となく命じる。豪農にも対象を拡大することで買い付けの資金を潤沢に確保しようと目論んだが、文化3年（1806）からは江戸の豪商などへの割り当ても開始する。

幕府は米価調節の資金として、幕領の富裕な領民から御用金を取り立てた。いわば公債を割り当てることで政策を実現するための財源を確保したが、その数字を文化年間でみてみよう。

文化3年に江戸の豪商と幕領の豪農からかき集めた御用金は約27万両、同7年（1810）に同じく豪農から約15万両、同10年（1813）に江戸・大坂・堺・兵庫・西宮の豪商と大坂周辺の豪農から約83万両、合計で125万両にも達した。ちなみに、当時の幕府の年間歳入は150〜180万両であった（竹内誠「御用金」『徳川幕府事典』東京堂出版）。

**流用された御用金**

ところが、幕府はこの頃になると、米価引き上げを大義名分に集めた巨額の御用金を別の目的に流用しはじめる。全額を米価引き上げに充てたのではなく、前項で取り上げた公金貸付の原資に組み入れたのだ。

貸出金を拡大することで利息収入を増やしたい幕府の思惑が背景にあった。その結果、御用金の約半分が公金貸付の原資に流用されたが、貸出金を自前では増やせない幕府の苦しい財政事情が浮かび上がってくる。

御用金は利息付で返済されることになっていたが、財政難により元利の返済が滞るようになるのは時間の問題だった。そのため、元金の返済期限を延長し、元金返済後に利息を返済、あるいは利息のみ先に返済といった処置が取られることになる。

天保14年（1843）時点の数字によれば、御用金125万両のうち、約55万両の元金が返済されていなかった。利息分についても約38万両が未返済だった。

こうした傾向は、幕末に入るとさらに甚だしくなる。莫大な臨時出費を迫られ続けた幕府が御用金の取り立てを連発したからだ。すでに幕府財政は破綻に向かっており、御用金を返済できる見込みなどなかった。返済されなかったことで御用金は献金と化し、そのまま幕府の終焉を迎えるのである。

15

## 【インフラ整備のお金をいかに集めるか】

# 防災対策の費用は大名たちから徴収

### 自普請の限界

幕府は全国を統治する立場として、社会の安定の基礎となる国土の保全が強く求められた。泰平の世を受け、人々が安心・安全な生活を続けられるための措置は将軍の責務という認識が、当時広まっていたからだ。防災対策もその一つだった。

よって、国土が大きな災害に遭った場合は、その復旧と再発防止に努めることになる。富士山の噴火による被害があまりに甚大で、自力で所領を復興させるのは無理だった小田原藩に対し、幕府が代わって復興にあたったのはその一例である。

江戸時代は封建制の時代であった。幕府は400万石以上にも及ぶ幕府領を直轄する一方で、それ以外の土地は大名や旗本などの領主に統治を任せたのである。責任を負わせたのである。仮に領主の施政に反発して百姓一揆が起きれば、その責任を追及して改易・減封・国替えの処置を取ることも珍しくない。

いきおい領主は治政に努める。年貢収入を確保するためにも農地の保全は最重要課題となっていたが、その中心事業は何といっても治水だった。

河川は領主や領民に多彩な恵みをもたらしたが、ひとたび氾濫して堤防が決壊すると田畑は流され、領民の生活は窮地に陥る。領主にしても年貢の減収は避けられなかった。

日本はもともと水害が多い国土であり、領主は治水事業つまり河川の普請に力を入れてきた歴史的な経緯があった。戦国大名も農業生産力を維持強化するため治水に力を入れたが、そのシンボルこそ甲斐国を支配した武田信玄だった。今も山梨県釜無川《かまなしがわ》沿いに残る信玄堤は、その治水事業を後世にまで伝える戦国時代の遺産である。

武田信玄による治水で有名な釜無川

江戸前期に新田開発が大いに進んで農地が拡大したのも、治水技術の発展が成せる業だった。しかし、河川の普請となると大規模な土木工事となり、費用が嵩《かさ》んだ。身上が小さい大名や旗本ではどうしても普請が行き届かなかった。

さらに、河川がいくつもの所領にまたがって流れている場合も少なくない。その場合、普請を完了させるためには領主が連携する形で工事にあたる必要があった。

個々の領主が自力で普請すること（自普請《じぶしん》という）の限界が露呈していたが、こうした限界を克服できるのは各領主の上に君臨する幕府だけである。しかし、幕府にしても財政難に苦しんでおり、普請の出費はできるだけ抑えたいのが本音だった。

**国役普請制度の導入**

自普請の限界を受け、その対応に迫られていた幕府だが、ようやく将軍吉宗の時代に重い腰を上げる。享保改革の一環として「国役普請《くにやくぶしん》」のシステムを導入する。

前章でみた「国役金」のスタイルで、河川の普請費を集めたのである。国単位で石高を基準に徴収することで、普請費の確保をはかった。富士山噴火後、「諸国高役金《しょこくたかやくきん》」として復興費を全国から徴収したことがヒントになったようだ。

享保5年（1720）、幕府は「国役普請令」を発した。一国を支配する大名、あるいは

20万石以上の大名はこれまでどおり、領内を流れる河川の普請は自普請とする。自力で費用を賄うよう命じたが、それ以下の大名や旗本などで自普請が難しい場合は、国役金をもって費用に充てる方針が示された。

身上の大きい大名は自前で河川の普請費用を賄えるが、そうでない大名や旗本は捻出できないとして、所領内に該当の河川が流れていない地域にも国単位で広く普請費を負担させたのである。この国役普請令に基づき、関東・東海・畿内を流れる河川を対象に国役金が賦課される国が河川ごと定められた。以下、利根川を事例に国役金が割り当てられた国や費用の配分をみてみよう。

坂東太郎の異名を持つ利根川の場合は上野・武蔵・常陸・下総・上総・安房の6か国288万石余に、国役金として普請費用の10分の9を負担させることが定められた。費用は石高に応じ、幕領・私領の別に関係なく賦課された。

ただし、国役金には上限が設けられ、高100石につき銀30匁が上限だった。残りの10分の1は幕府が負担した。

そして実際の普請は町人に請け負わせ、費用のみ国役金として負担させる仕組みであった。富士山噴火による砂や灰で埋まった酒匂川《さかわがわ》など相模国の河川を、諸大名をして浚渫《しゅんせつ》させた時と同じである。この時は岡山藩池田家など5大名が費用のみ負担した。

吉宗は個々の領主が個別に対応していては普請が困難な河川について、国役のシステムを援用することで費用を確保し、国土の保全を目指した。享保改革の一環として導入された国役普請の制度には、財政難のため普請費をできるだけ抑えたい幕府の思惑が秘められていたが、幕領・私領問わず領民に財政負担を転嫁するものでもあった。

これにより、大半の河川については普請費を確保できるようになったが、国役金には高100石につき銀30匁の上限があった。そのため、国役金では賄い切れない普請は御手伝普請という形で大名に費用を負担させている（高埜利彦『元禄・享保の時代』集英社）。

宝暦3年（1753）に薩摩藩が幕府から命じられた木曽三川（木曽川・長良川《ながらがわ》・揖斐川《いびがわ》）の治水工事（宝暦治水と称される）などは、その象徴的な事例である。当初工事費は10万両強と見積もられていたが、いざ取りかかってみると難工事となり、費用も40万両を超えた。

## 朝鮮通信使の接待費も国役金で賄う

吉宗率いる幕府は国役のシステムを援用することで、みずからの懐を極力痛めることなく河川の普請費を確保したが、この手法は他の臨時出費にも活用された。朝鮮通信使の来日に伴う経費についても、吉宗の時代から国役金で賄われている。

朝鮮通信使とは朝鮮国王が将軍の代替りごとに派遣した外交使節団で、将軍就任を祝うた

朝鮮通信使を描いた絵巻（大英博物館所蔵）

めの祝賀使節だった。釜山《プサン》から海路、日本へと向かい、対馬、壱岐、関門海峡そして瀬戸内海を経由して大坂に上陸した。その後は陸路で江戸に向った。

一行の人数は1000人以上にも達したが、陸路では一行の主だった者が騎乗する馬のほか、荷物を運ぶ人足や馬が大量に必要だった。そのため、幕府は沿道の村々をして人馬を提供させたが、大人数でもあり、非常に重い負担となっていた。

そこで、享保4年（1719）に吉宗の将軍就任を祝うため朝鮮通信使が来日した際には、幕府の方で必要な人馬を雇っている。その雇い賃は幕府がいったん立て替え、同6年（1721）になってから、沿道の村々が属する畿内から関東にかけての16か国の農民に国役金を割り当てた。高100石につき金3分余を徴収して人馬の雇い賃に充てたが、この手法が以後の通信使来日で踏襲されていく。

# 16
## 【寺社修復費を大幅カットし自前の資金調達を促す】
# 寺社の修復費集めを名前貸しでサポート

### 上限が設定された寺社修復費

5代将軍綱吉の時代、幕府は護国寺・護持院の造営、そして東大寺大仏殿の修復に代表される寺社の造営・修復事業を積極的に展開した。だが、そのための出費は幕府財政に重くのしかかり、財政難の大きな要因となる。

よって、財政再建を目指した8代将軍吉宗の時代に入ると、幕府は寺社の修復費を年間1000両と定める。上限を設けたのだ。綱吉の時代は年間で平均2万両以上も支出していたことに比べると、大幅なカットである。

幕府が支出可能な修復費を大幅に引き下げたことで、その恩恵に与《あずか》れるのは将軍の霊廟がある寛永寺・増上寺クラスの寺院、家康の霊廟がある日光東照宮クラスの寺社だけとなる。将軍の霊廟がある以上、国家予算で維持されるのは当然だろう。将軍が檀家であることの強みが、いかんなく発揮された格好だった。

一方、大半の寺社は幕府の費用による修復など夢のまた夢となる。自力で修復費を集めなければならなかったが、そこで目を付けたのが幕府から勧化《かんげ》を許可してもらうことだった。勧化で集めた浄財を修復費に充てようと目論む。

勧化とは寄進を募ることだが、もちろん幕府に許可されずとも勧化は可能である。その場合は「私之勧化」、「自分勧化」と呼ばれたが、幕府のお墨付きを得た勧化、すなわち「御免勧化」の方が効果があった。

あくまでも金品の寄進は当人の意志に任せられていたものの、御免勧化となれば義務的なものとして受けとめられた。寺社としては、そこに期待した。一方、幕府からしてみると、寄進するよう促すだけであるから懐が痛むわけではない。

こうして、吉宗の時代から御免勧化の制度が導入された。修復費を年間1000両にとどめざるを得ない深刻な財政事情から編み出された、巧妙な寺社助成策であった。

## 御免勧化システムの導入

享保7年（1722）に紀州の熊野三山（三社）が権現社《ごんげんしゃ》修復のため勧化を許可された事例が御免勧化の最初とされる。御免勧化には対象地域を回って募金活動をおこなうものと、地域を回らずとも金品が自然と集まってくるものの2種類があった。前者からみてみよう。

勧化は全国が対象の場合もあれば、江戸だけ、数か国だけというパターンもあったが、寛保2年（1742）に奈良の西大寺が伽藍再興を理由に御免勧化を許可された際には西大寺のある大和国のほか、山城・摂津・河内・和泉の合わせて5か国が勧化の対象だった。その期間は19か月間である。

幕府の許可を得た勧化であったため、以下のような御触書が対象地域には回ることになっていた。

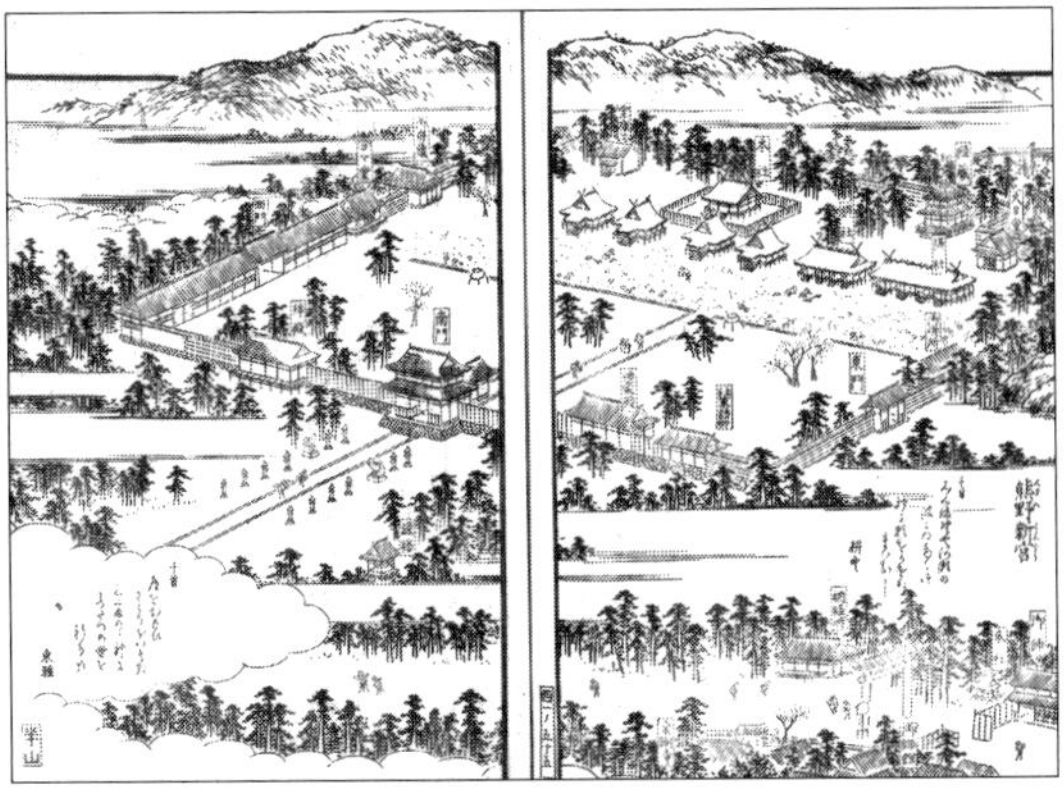

江戸時代の熊野。右側に「熊野新宮」と書かれている。熊野新宮は、現在の熊野速玉大社のこと（「西国三十三所名所図会」国立公文書館所蔵）

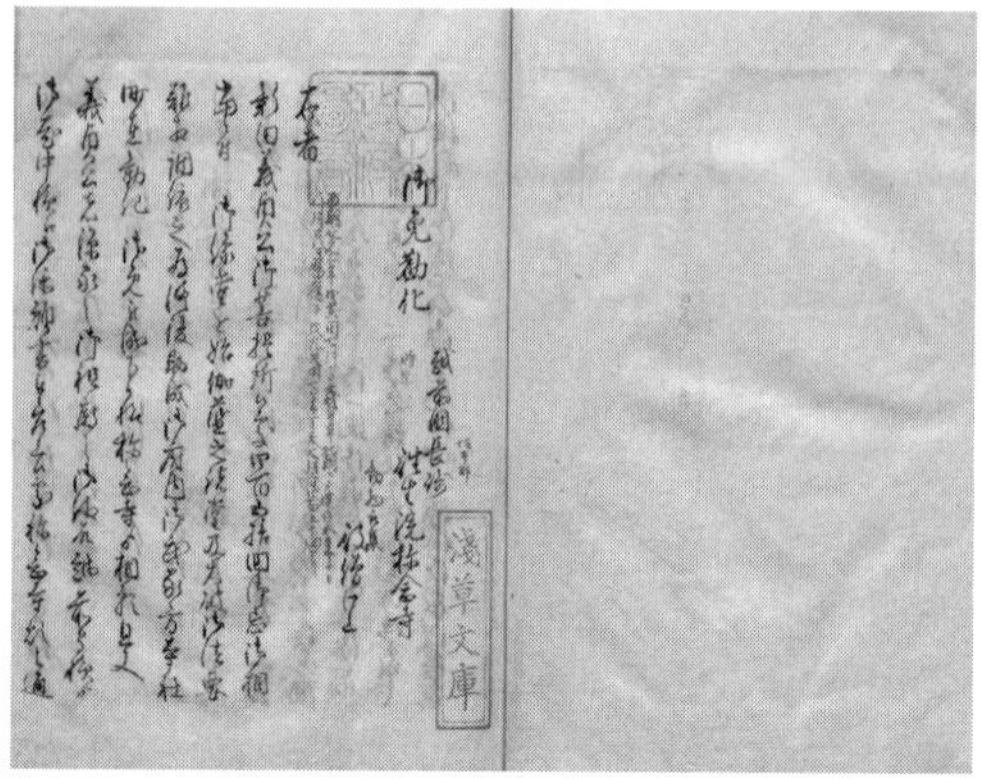


御免勧化の願書の写し。安永７年（1778）に越前国の称念寺が御免勧化を願い出た（『落葉集』国立公文書館所蔵）

寺社奉行が連名で捺印した勧化状を持参して、西大寺が巡行してくる。志のある者たちは、多少に寄らず寄進しなさい。その旨を幕領の領民には代官が、大名領や旗本領の領民には当の大名や旗本から申し渡しなさい。

後者は、わざわざ各国を巡行しなくても金品が集まってくる御免勧化で、享保7年に熊野三山が御免勧化を許可された事例がこれにあたる。その対象地域は日本全国であったため、「日本勧化」とも称された。

熊野三山の者たちが諸大名の江戸藩邸を回って勧化への協力を依頼すると、諸大名側が三山に代わって勧化の事務を取ってくれたのである。大名側に勧化帳を渡して置くと、江戸屋敷の家臣たちの間や領内に勧化帳が回っていくことになっていた。勧化帳とは寄付名簿のことで、勧進帳ともいう。

すなわち、当事者の寺社が全国を回らずとも、大名たちがその実務を代行して金品を集めてくれた。まさに至れり尽くせりの願ってもないシステムである。幕領の場合は代官が実務を代行した。大名や代官による実務代行まではなかった前者の御免勧化についても、領内を勧化する際には宿屋や人馬が提供される特典があった。

よって、御免勧化を望む寺社の数はたいへん多く、寺社奉行所には御免勧化の願書が殺到するが、ハードルは高かった。幕府の費用で建立された由緒を持つ寺社などは許可されやすかったが、その恩恵に与れるのは一握りの限られた寺社だけだったのである。

## 相対勧化の登場

このように、御免勧化の枠に入るのは当の寺社にとり非常にハードルが高かったが、幕府は明和3年（1766）に「相対勧化《あいたい》」という助成策を新たに打ち出す。同じく幕府の許可を得た勧化だったが、幕府のバックアップはなかった。

御免勧化では寺社奉行（定員4～5名）連名の勧化状が発給されたが、相対勧化の勧化状は寺社奉行1名のみの捺印であり、その分重みはなかった。要するに、御免勧化よりも格が低かった。

よって、御免勧化のように、寄進を促す幕府の御触書は対象地域に出されなかった。大名や代官側が宿屋や人馬の提供、あるいは事務を代行する義務もなかった。領民に対して寄進を促すこともなかった。「相対」という言葉が象徴するように、幕府からの働きかけの結果ではなく、寺社と領民のお互いの意思で金品が寄進されることを期待した勧化なのである。

相対勧化を許可された寺社は自力で対象地域を回り、寄進を募ることになる。その期間は90日と定められていたが、事情によっては30日間の延長も可能だった。

相対勧化は御免勧化に比べると、義務的なものとは受けとめられなかったが、寺社奉行の勧化状を持っている以上、何の後ろ盾もなく寄進を募って回る自分勧化よりは、はるかに有利だったことは間違いない。

しかし、御免勧化にせよ、相対勧化にせよ、強制的に勧化金を徴収するものではなかったため、期待したほどは集まらなかった事例も多かった。その場合は現在の宝クジに当たる富興行などを個別に許可することで、その利益を堂社の修復費に充てさせた。

享保改革を機に、幕府は自分の懐を痛めずに済む寺社助成策を次々と打ち出すようになるのであった（安藤優一郎『大江戸お寺繁昌記』平凡社新書）。

第四章

# 財政負担をおしつける

## ～11代家斉から12代家慶まで～

享保改革後、年貢米に依存する財政構造の限界を悟った幕府は商業活動への課税（運上・冥加金）を強化するとともに、公金貸付を積極的に展開することで歳入を増やす方針を採る。利殖に力を入れたが、その一方、歳出は徹底的に抑制した。巨額な出費が必要になると、富裕な領民に御用金《ごようきん》を割り当てることで急場を凌いだ。河川の普請や寺社修復の費用は国役普請《くにやくぶしん》や御免勧化《ごめんかんげ》のシステムを導入することで賄った。

こうした幕府の財政方針つまり資金繰りは寛政改革や天保改革でも踏襲されるが、その手法は次第に行き詰まりをみせる。例えば、公金貸付による貸付額は順調に伸びていたものの、寛政改革後にあたる文化年間（1804〜18）から返済が焦げ付く事例が増えはじめる。その結果、貸付額の拡大が利息収入の増大に直結しなくなった。

もはや歳入の増加があまり見込めなくなったことを受け、幕府は諸大名や幕領の領民にさらなる負担を求めることで事態の打開を目指す。財政負担をいっそう転嫁し、財政難を乗り切ろうとする。

御用金の上納を繰り返し命じるほか、諸大名には京都御所や江戸城の再建費などを上納させている。江戸城の再建費に至っては、上納金の余剰分を密かに歳入に組み入れた。それだけ財政難に苦しんでいた。

天保改革時には、上知令《じょうち》の発令により諸大名や旗本の所領を取り上げて幕領に組み込むことまで計画するが、さすがに対象となった諸大名からの猛反発は避けられなかった。幕府は上知令の撤回に追い込まれ、改革が失敗する原因となる。

御用金は特定政策を実現する財源として幕領の領民から取り立てたが、寛政改革では幕領たる江戸に本拠を置く豪商を勘定所御用達に登用し、その資本を政策に活用した。この時期には江戸町人の積立金を社会保障費に充てる手法まで登場する。政策遂行の財源を将軍のお膝元江戸に依存する傾向は強まる一方だった。

通貨の質を落とす改鋳にも再び踏み切る。綱吉の時代、幕府は通貨の改鋳により得た莫大な増収分（「出目」）をもって赤字財政を補塡したが、この手法に再び手を染めることで同じく莫大な増収を得る。

だが、通貨の質を落とす改鋳は物価上昇という副作用を招き、庶民の生活を圧迫する。庶民の犠牲の上に成り立っていた増収であり、やがて幕府はそのツケを払うことになる。

本章では、幕府が財政負担を転嫁するために編み出した様々な手法を明らかにする。

# 17
## 【聖域なき改革は成功するか】
# 松平定信と大奥による一進一退の攻防

### 寛政改革の財政再建策

江戸時代の三大改革の一つ寛政改革でも、享保改革と同じく財政再建が大きなテーマとなっていた。改革を主導したのは吉宗の孫にあたる老中首座・松平定信である。将軍補佐役も兼務するという幕府の最高実力者であった。

定信は祖父に倣って、みずから倹約に努めることで支出削減の範を示し、幕府内に経費の節減を命じた。諸大名や幕臣にも質素倹約を励行し、華美に流れていた社会の引き締めをはかったのも吉宗とまったく同じだった。

歳入では主要財源たる年貢米を増やすことに力を入れるが、当時は幕領に限らず、農村の荒廃が進んでいた。享保改革以来の年貢増徴による疲弊に加え、天候が不順だったことが荒廃に拍車をかけた。

寛政改革の直前にあたる天明期（1781〜89）は冷害による凶作を受け、江戸の三大飢饉の一つに数えられる天明の大飢饉が北関東や東北を襲った時代である。米価は高騰し、餓死者も続出した。

農地を捨てて村から去る農民も多かったが、放棄された農地が荒廃していったのは言うまでもない。幕府は年貢の増収を実現するためにも、何よりもまず幕領農村の復興に取り組む必要があった。

松平定信像（模本）。財政改善のため大奥の経費削減に着手した（東京大学史料編纂所所蔵）

よって、寛政改革では農村復興に力が入れられたが、代表的な施策としては寛政2年（1790）に出された旧里帰農奨励令が挙げられる。農地を放棄した農民は江戸に逃れることが多かったため、資金を与えて帰村を勧めた。農地の復興にあたるよう促したが、農村に対しては出稼ぎを制限する。同じく、農民を農業に専念させようという狙いが込められた施策であった。

幕府が復興資金を幕領に下げ渡す事例も各地でみられたが、その時に投下された資金こそ公金貸付により得た利息である。田畑の再開墾のほか、子どもの養育金にも充てられた。何としても農民を農地に定着させたい幕府の強い意思が読み取れる。

となれば、現場で復興にあたる代官の役割はますます大きくなる。単に年貢を取り立てるだけでなく、復興のための取り組みも求められたからだ。

そのため、寛政改革期に登用された代官には農民から採用された者までいた。例えば、寛政5年(1793)に下野国都賀《つが》・芳賀《はが》郡5万石を支配する代官に任命された岸本武太夫《きしもとぶだゆう》はもともと美作国《みまさかのくに》の村役人の家に生まれた農民だったが、代官所勤務を経て代官に抜擢された。それだけ、能力重視の人事が採られたのである。

## 大奥の経費に大なたを振るった松平定信

定信は農村の復興を進める一方で、経費のカットに大なたを振るったが、そこで目を付けたのが大奥だ。その経費は年間20万両(現代の貨幣価値で200億円)とも称され、大奥の経費をどれだけ減らせるかが財政再建の成否を決めると言っても言い過ぎではなかった。

大奥とは、将軍の正室や側室、その子どもたちが住むだけでなく、お世話係の数百人の奥女中たちが住み込みで働いた空間である。将軍が生まれ育てられ、日常生活を送り、そして

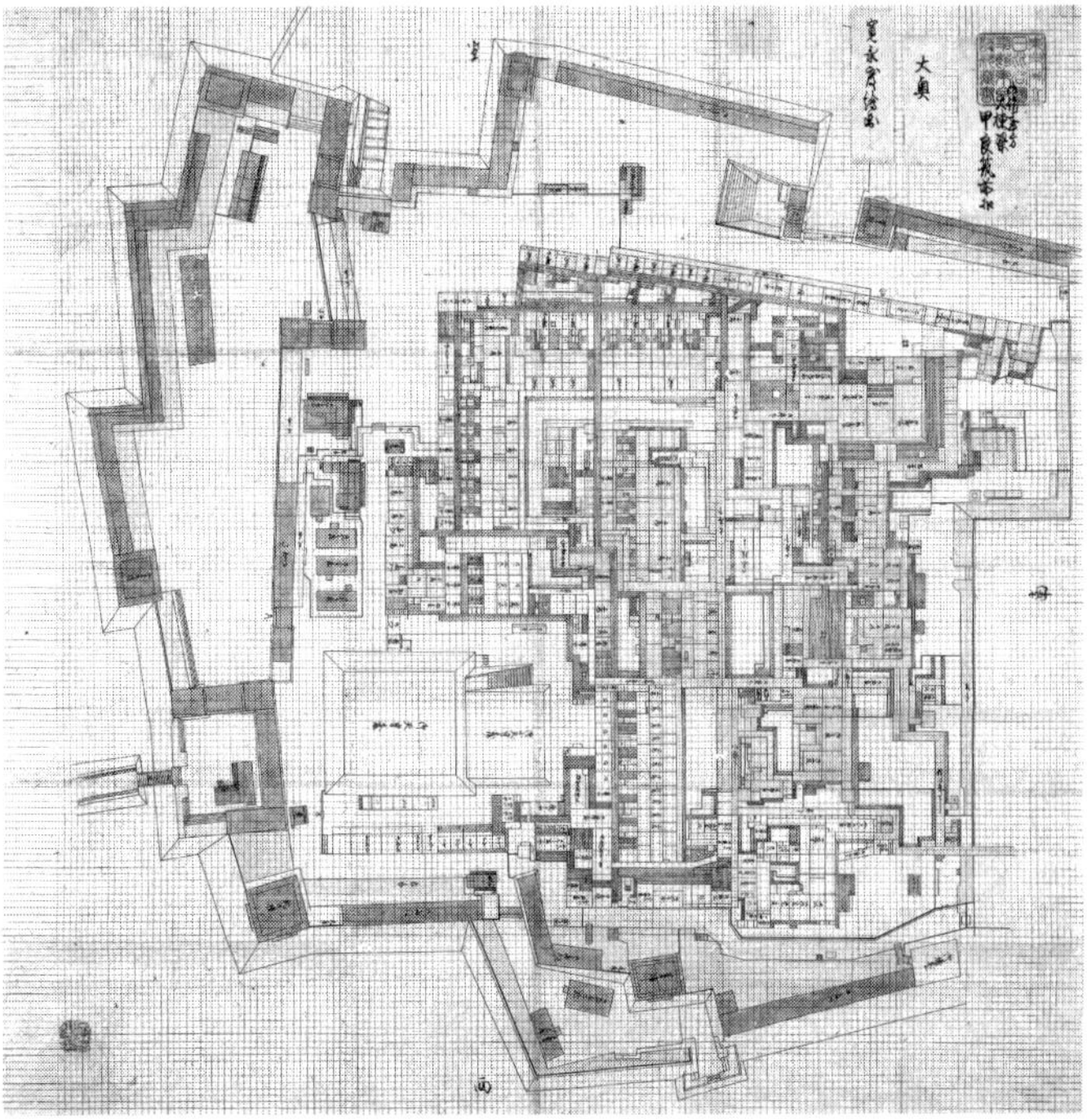


江戸城大奥の絵図。万治に造営された初期の大奥（1659-1844）だとされている（「寛永度絵図大奥 甲良豊前 控［万治度］写」東京都立中央図書館特別文庫室所蔵）

息を引き取る空間だが、将軍の生活と一体化した家族のような存在だったことで隠然とした政治力を誇るようになる。

幕府トップの老中の人事さえ左右する力を持っており、大奥に楯突けば老中といえども、その地位を失うことは稀ではなかった。将軍の一生を独占する家族のような存在であるからこそ、その意向を左右することも可能なのであり、老中でさえも頭が上がらなかった。将軍に寵用された側用人などの側近衆が、老中もその威を恐れる政治力を持っていたのと事情は同じである。

このように、大奥は将軍を後ろ盾にすることで強大な政治力を発揮し、幕閣や諸大名にも恐れられた存在となっていたが、その前に定信は立ち塞がる。

大奥の経費とは、将軍の生活費であった。定信としては、将軍みずから生活費を切り詰めてもらわないと、経費節減を命じた他部局への示しがつかなかったが、大奥の経費をカットするのは難しかった。聖域化していたのが実態だ。

吉宗も大奥の経費カットに努めたが、それは将軍だからこそ可能であった。そもそも、家臣の立場で主人の生活費をカットするのは難しい。

しかし、定信は将軍補佐役も兼ねており、その立場を活かして経費を容赦なくカットしていく。単に倹約を命じるだけでなく、大奥の会計を取り扱う役人の入れ替えを断行した。財政を預かる勘定所によるチェックも厳しくし、聖域とされてきた大奥の経費に手を入れたのである。

具体的に何をカットしたのかはよくわからないが、奥女中の住居である長局の修繕費にメスを入れたことだけは間違いない。建物の造りや飾りが豪華で目に余るというわけだが、どうしてもカットできないものもあった。例えば、大奥を取り仕切る奥女中トップの御年寄《おとしより》（定員4～5名）が室内で履く上草履《うわぞうり》である。

御年寄たちが御台所の居間に参上する時には、新しい草履を用いることになっていたが、一度履いたら二度と履かないのが慣例で、上草履だけで合計毎日数百は必要だった。居間に行くたびに、新しい草履に履き替えたからだ。こうした生活ぶりでは大奥の経費が膨張するのは至極当然のことであり、定信は1日に使える草履は1足だけにしようとするが、猛反発を受けて引っ込めざるを得なくなる。

寛政改革により大奥の経費は3分の1にまで減ったといわれるが、この上草履の事例一つ取ってみても、奥女中たちの猛反発を引き起こしたことは想像するにたやすい。改革の抵抗勢力として、今度は大奥が定信の前に立ち塞がるのは時間の問題であった。

## 改革を挫折させた大奥

定信が老中と将軍補佐役の辞職に追い込まれ、質素倹約がテーマの寛政改革が頓挫すると、お目付け役がいなくなった将軍家斉は豪勢な生活を送るようになる。その舞台こそ大奥だった。一方、幕府財政は火の車となる。

そんな家斉の長い治世が終わると、老中首座・水野忠邦は家斉による豪奢な生活を否定する形で改革政治を断行する。家斉の恩寵を受けていた者たちも次々と罷免された。天保12年（1841）4月のことである。

天保改革にしても財政再建が大きなテーマで、大奥の経費削減は避けられない情勢だったが、前述のとおり先の寛政改革では大奥の猛反発を買ってしまった。歴代政権担当者が手を付けられない聖域だったが、深刻な財政難に陥った幕府を立て直すには、大奥の経費節減は避けられなかった。何としても大奥の協力を得なければならない。

忠邦は、当時大奥に君臨していた御年寄の姉小路の協力を得ようと考える。財政再建には大奥の経費節減が必要と懸命に説いたが、その拒絶に遭ったことで諦めざるを得なくなる。忠邦は将軍の政治力と一体化していた大奥の政治力の前に屈したのであった。

幕府は大奥の経費削減に充分に手を付けることができないまま、その終焉を迎える。

# 18

# 【火事で天皇が住処を失う】御所炎上　そのとき幕府の対応は？

**京都御所炎上**

明暦3年（1657）の明暦の大火後、天保期まで江戸城が焼失することはなかった。一方その間、天皇の住む京都御所は焼失と再建を繰り返す。

5代将軍綱吉の時代にあたる宝永5年（1708）に天皇の住む禁裏御所や上皇の住む仙《せん》洞《とう》御所などが焼失した後、しばらく火災に遭うことはなかったが、天明8年（1788）正月晦日に御所は紅蓮の炎に包まれる。

この日の未明に洛東の団栗《どんぐり》坂辻子から出火した火は大火となり、禁裏御所や仙洞御所のほか、二条城、数多の公家・武家屋敷、神社仏閣、そして民家を焼き払った。大火は翌日に至っ

現在の京都御所一帯。江戸時代に火災に見舞われると、朝廷は幕府に再建費負担を求めた

てほぼ鎮火する。時の光格天皇は下鴨《しもがも》神社に避難し、後に聖護院《しょうごいん》内に幕府が急造した仮御所に移った。聖護院で御所再建の時を待つことになる。

御所焼失の報を受け、幕府は朝廷に見舞の使者を送った。仮御所を建設するため勘定奉行を京都に向かわせたが、時の幕府のトップは寛政改革に着手したばかりの老中首座・松平定信である。

朝廷からの強い要請もあり、幕府としては速やかに御所の再建に取りかかる必要があった。3月22日、御所の造営総督に任命された定信は朝廷との交渉にあたるため、5月9日に江戸を出立して上京の途に就いた。

同22日に入京した定信は、25日に聖護院内の仮御所に参内する。そして、朝廷側トップの関白・鷹司輔平《たかつかさすけひら》と再建に関する交渉を開始した。

当時、財政難に苦しむ幕府は倹約の励行により支出の削減に努めており、再建費を負担する側としては焼失前の規模での再建は譲れない線だった。要するに、江戸時代の御所は平安時代の時よりも小さかったのである。開始されたばかりの寛政改革でも財政再建が大きなテーマとなっていた。

しかし、朝廷側は御所の建物のなかでも紫宸殿《ししんでん》（内裏の正殿）と清涼殿《せいりょうでん》（天皇の常の居所）は平安時代の様式に戻し、その規模も拡大して再建するよう強く求めてきた。再建を好機として平安時代の時の規模に戻そうと目論んでいたが、その分経費がかかってしまう。だからこそ、幕府トップの定信がみずから京都に乗り込み、朝廷との交渉にあたろうとしたのだろう。

結局のところ、定信は朝廷側の強い意向に押し切られる。平安時代の規模での再建に同意するが、極力費用を抑えようという姿勢は変わらなかった。例えば、御所の障子絵は京都の町絵師を雇って描かせている。江戸から幕府の御用絵師を派遣して描かせると、その分京都までの旅費や滞在費がかかるからである。

御用絵師とは江戸城内の障壁画、将軍の肖像画、贈答用の屏風絵の製作などを担当した絵師であり、狩野家、住吉家、板谷家が御用絵師を代々務めた。ただし、紫宸殿の賢聖障子《げんじょうのしょうじ》は慣例に従って御用絵師の狩野栄川院《かのうえいせんいん》に担当させている。賢聖障子は天皇の玉座の背後を飾るもので、中国の賢人と聖人が描かれていた。

## 諸大名に再建費を献納させる

当初の目論見とは反して、平安時代の規模での再建を余儀なくされた定信は一計を案じる。幕府財政の現状では莫大な再建費をすべて自腹で賄うことは難しい以上、その負担の転嫁先を探さなければならない。そこで定信は諸大名に目を付けた。御所の再建費を負担した先例があったからだ。

それまでの御所再建では、「築地金」の名目で5万石以上の大名に対して再建費の上納を命じていた。「御手伝《おてつだい》」として、数名の大名を指名して再建にあたらせる場合もあった。

こうした先例に倣って、幕府は5万石以上の大名を対象に、1万石に付き金51両2分の割合で築地金の上納を命じる。天明8年と翌年の2年間で納入させたが、当時5万石以上の大名は100家を数え、総石高は1528万6000石余にのぼったため、総額で築地金は7万8700両となる計算である。

しかし、この程度ではとても足りなかったため、定信は数名の大名に「上納金」という名の献金を打診する。表向きは大名の方から幕府の財政難を察して献金を願い出て、これを幕府が嘉納《かのう》する形が取られた。

天明8年（1788）に献金を打診されたのは薩摩藩島津家と熊本藩細川家で、その額は4年間で20万両ずつという巨額なものだった。翌寛政元年（1789）には同じく外様大名の福岡藩黒田家が献金を願い出ている。幕府もこれを嘉納したが、金額は不明である。そのほか、姫路藩酒井家と松山藩松平家も献金を願い出たが、このたびは献金に及ばずとなった。50万石を超える有力外様大名三家が幕府の要請に基づいて再建費を別に献金したわけだが、島津家の場合は、時の11代将軍家斉の正室・広大院《こうだいいん》が前藩主・島津重豪《しげひで》の娘だったことが献金を要請された理由である。将軍とは縁戚関係にある以上、無下に断われないはずという定信の狙いが秘められていた。

寛政元年（1789）3月から、幕府の威信をかけた御所の再建工事が開始される。翌2年（1790）11月に工事は完了したが、再建費は約81万両に達した。

もちろん幕府も再建費を負担している。だが、有力外様大名3家からの上納金はゆうに40万両を越えた。これに5万石以上の大名に賦課した築地金も合わせれば、過半は大名からの出金で占められていたのである。

### 御手伝を逃れるための大名上納金

京都御所の再建費を捻出するために編み出された大名からの上納金という手法は、財政難に喘ぐ幕府からの要請に基づいていたが、やがて大名側から自発的に申し出るようになる。その裏には、莫大な出費を強いられる御手伝を逃れたい切実な願望があった。

江戸前期とは違って、御手伝といっても寺社の修復費や河川の普請費を負担するだけだったが、重い財政負担となった事情は全く同じである。そのため、大名側は御手伝から逃れようと様々な政治工作を展開するが、その手段として上納金が活用されたのだ。

その契機となったのが、文政8年（1825）の長州藩による上納金の申し出だった。かつて長州藩は日光東照宮普請の御手伝を命じられたことがあったが、他の寺社の修復や河川の普請に比較すると、その出費は莫大だった。長州藩としては、日光東照宮普請の御手伝を再び命じられることは何としても避けたいと考えており、回避する方法として上納金を申し出ようと考える。

先手を打って上納金を差し出しておけば、幕府も長州藩に当分の間は御手伝を命じることはないという読みがあった。この時、長州藩は5万両を上納したが、御手伝を命じられると、それ以上の出費を余儀なくされる可能性が高かったとみていたことがわかる（松尾美恵子「近世後期における大名上納金」『徳川林政史研究所研究紀要』昭和五十三年度）。

これが前例となり、大名側が自主的に上納金を申し出てくる事例が増える。幕府としては思わぬ臨時収入だったが、上納金の申し出を容認することで御手伝をその裁量で命じられなくなったようである。

## 19

# 江戸の豪商を顧問にしつつ資金源に

### 【勘定所御用達の財力を利用】

**勘定所御用達に登用された江戸住まいの豪商**

財政難に苦しむ幕府は幕領の富裕な町人や農民から調達した御用金を、特定の政策を実現するための財源、あるいは臨時出費に充てた。第三章でも述べたとおり、宝暦11年（1761）に大坂の豪商に対して上納を命じたのが幕府御用金の嚆矢《こうし》である。

この時の御用金は米価引き上げ、つまり米穀買い上げの資金に充てられた。当時は豊作続きで米価が低落しており、年貢米を換金して歳入に充てた幕府としては、何としても米価を引き上げなければならなかった。

同じく米価引き上げの資金に充てるため、江戸の豪商にも御用金を命じたのは文化3年

（1806）のことだが、すでに幕府は特定の豪商に御用金の上納を命じていた。天明8年（1788）10月、江戸住まいの7名の豪商を新設の勘定所御用達に登用したことがきっかけだ。勘定所御用達とは、前年より開始された寛政改革に協力させるため新設した勘定所直属の御用達である。

財政再建がテーマの寛政改革では緊縮財政の方針が取られ、聖域化していた大奥の経費さえも大幅にカットされた。それだけ財政に余裕がなかったが、そこで新たな財源として目を付けたのが江戸住まいの豪商たちだった。その資金力に頼ることで、財政再建を目指す。

当時は上方住まいの商人が江戸の経済や富を牛耳り、江戸店にしても上方に置かれた本店の出張所に過ぎなかったことも前章で述べた。その富に目を付けて大坂の豪商から御用金を取り立てていたが、江戸を本拠とする幕府としては大坂など上方商人に経済を牛耳られている現状を何とか克服したかった。

現状を放置する限り、国内の富は上方商人のもとに集まり続け、幕府の懐も寂しいままだった。財政難の幕府としては、江戸に富を集めるには江戸住まいの商人たちに頼るしかない。その資金力を活用することで、幕府が江戸の経済や富を牛耳れる経済・金融政策が遂行できれば、ひいては財政再建にもつながるはずである。

こうした考え方のもと、定信は江戸住まいの豪商を勘定所の御用達として取り立てること

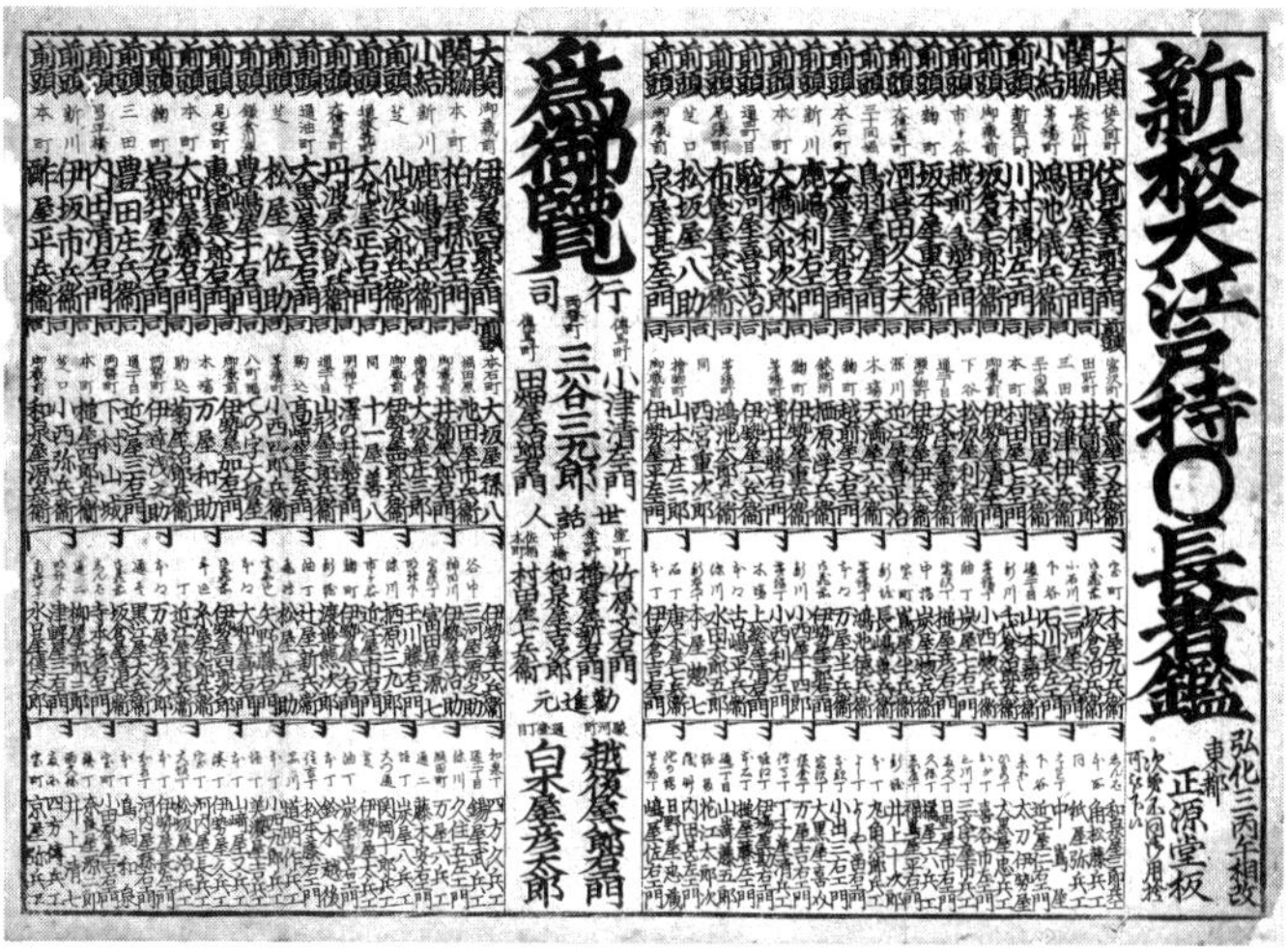


江戸の長者番付。中央には行司として両替商の三谷三九郎の名が記されている（「新板大江戸持◯（まる）長者鑑」東京都立中央図書館特別文庫室所蔵）

を決める。幕府の御用商人とすることで、その資金力を活用しようとはかるが、期待していたのは資金力だけではない。その手腕にも大いに期待した。

経済政策を遂行するにあたっては、彼らに諮問することも想定していたのである。上方商人と相対するには経済に関する専門的な知識が必要である以上、幕府としては同じ商人の智恵に頼らざるを得なかった。

### 買米に奔走する御用達

天明8年に勘定所御用達に登用された7名は、その頭取となる三谷《みたに》三《さん》九郎《くろう》をはじめ両替商が多かった。両替商は現在の銀行家にあたるが、三谷らは大名相手の金融業で財をなした豪商であり、まさしく江戸のメガバンクに他ならない。

三谷らは御用達に登用された際、上納可能な御用金の額を各自申告している。三谷は1万両、播磨屋新右衛門と伊勢屋弥三郎が5000両ずつといった具合で、総計3万3000両ほどだった。翌寛政元年（1789）には3名の豪商を追加で登用しており、その数は都合10名となる。俗に「十人衆」と称された。幕府が使える御用金がその分増えたのである。

幕府は江戸住まいの両替商などの豪商から上納させた御用金を元手に、米の大量購入を開始する。定信が寛政改革を開始した直後の天明7年（1787）は米価が暴騰した年だったが、翌8年になると作柄が良かったこともあり、米価は低落していく。

そうした折、勘定所御用達が新設され、御用達に登用した江戸の豪商から御用金を上納させた。米価引き上げの資金を確保するための登用だったことは明らかだった。実際、そうなる。

登用から半年も経たない寛政元年2月に、幕府は買米を命じる。御用達の一人仙波《せんば》太郎兵衛《たろべえ》の事例でみると、同月5日に勘定奉行に呼び出された仙波は、4500～5000石の買米を命じられた。10日間ほどで買米を完了するよう命じられるが、期間内に4579石余を江戸市中から買い上げており、その任務を見事に果たしたことがわかる。

この買米により市中の米価は上昇するが、米相場の動向を注視していた幕府は6月に入ると、米を段階的に売り払うよう命じた。米価があまりに高くなっては、消費者たる町人たちの生活が苦しくなって米騒動が起きる恐れがあったからだ。

一方、安くなり過ぎたと判断すれば米の売却をストップさせている。断続的に米を売却させたが、買い上げた米がすべて売却されたのは8月に入ってからである。

幕府は勘定所御用達をして買米にあたらせることで米価を調節することに成功したが、御用達に登用された豪商には米穀商人が含まれていなかった。要するに、米穀の売買には慣れておらず、買米に手間取っていたのが実態だった。

よって、同3年9月に江戸の米穀商4名が米方《こめかた》御用達に登用された。この月に実施された勘定所御用達による買米の際に、早速、米方御用達はその手腕を発揮している。

## 御用達側のメリット

御用達に登用された江戸住まいの豪商は、役職手当にあたる扶持米を与えられるとともに、苗字を許されるのが通例だった。幕府は武士としての待遇を特別に与えることで、名誉欲を満足させた。この時代は町人にとり武士身分は憧れだったことが、そんな名誉欲の背景にあった。

御用達を務めることのメリットはそれだけではない。幕府公金の貸付を許可されることで、いわば手数料を懐に入れることができた。利殖を目的とした幕府の公金貸付は主に全国に配置された代官を窓口として行なわれたが、以後勘定所御用達も窓口となる。

ただし、幕府は御用達にタダで公金を預けたわけではない。年利6％で貸し付けており、御用金を上納させた御用達さえも利殖の対象としていた。それだけ、財政難なのであった。

しかし、御用達側は幕府から預けられた公金を12％で貸し付けることが認められたため、差し引き6％の利息が手数料のような形で懐に入っている。当時の利率としては12％でも割合低利な方であり、貸付は順調だったようだ。

幕府は経済・金融政策を遂行するにあたり、御用達に諮問することも想定していたが、最初の買米を命じた寛政元年（1789）2月に、早速銀相場引き下げの方法を諮問する。勘定所御用達の智恵に頼るスタンスはその終焉まで踏襲されていく（竹内誠『寛政改革の研究』吉川弘文館）。

20

## 【社会保障費の軽減を可能にした七分積金】

# 資金難から生まれた江戸の社会保障制度

### 天明の大飢饉と米騒動

寛政改革では幕府財政の悪化を背景に、財力豊かな江戸住まいの豪商を勘定所御用達に登用することで米価政策に必要な財源を確保したが、いわば社会保障費については江戸の町全体に依存するシステムを創設したことが注目される。

飢饉などの際に幕府が生活援助のため給付する御《お》救《すくい》米《まい》や御救金の原資を、あらかじめ江戸の町から徴収したのだ。寛政3年（1791）に創設された七分積金の制度に基づき、江戸の町はみずから社会保障費を積み立てることが可能となる。

先に述べたとおり、寛政改革の政策基調に大きな影響を与えた天明の大飢饉は北関東や東

田沼意次像（模本）。江戸各所で打ちこわしが起きたときは老中職を退いていたものの、隠然とした政治力を誇っていた（東京大学史料編纂所所蔵）

北の農村で餓死者を続出させた。合わせて農地も荒廃させたが、飢饉がもたらした惨状は農村だけにとどまらない。

物資の供給を他所に依存する一大消費都市の江戸の町も極度の米不足に陥る。よって、窮状に耐え兼ねた町人たちは米の買い占め・売り惜しみで暴利を貪る米問屋の所行に怒り、その居宅を打ちこわした。天明7年（1787）5月20日のことである。

すでにこの月の12日、大坂で同じく米の買い占め・売り惜しみに走った米問屋が打ちこわされていた。この大坂での打ちこわしを皮切りに、全国各地の都市や港町で連鎖的に同様の打ちこわしが起き、20日に至って江戸にその波が押し寄せる。24日頃に終息するまで、窮民たちによる打ちこわしが江戸の各所で繰り広げられた。

江戸の治安を預かる町奉行はこの米騒動を取り締まらなければならなかったが、騒動に加わった町人の数があまりに多く、とても抑え込めなかった。江戸は数日にわたって無政府状態に陥る。

慌てた幕府首脳部は米の廉売、御救米や御救金の支給を町奉行に指示する。ようやく事態は沈静化に向かうが、幕府が受けた衝撃は限りなく大きかった。将軍のお膝元で米騒動が起きて多くの米問屋の居宅が打ちこわされただけでなく、これを鎮圧できなかったからだ。幕府は暴動が自然に鎮静化するのを待つことしかできなかった。

時の幕閣は将軍からその政治責任を問われて失脚するが、その跡を襲う形で幕府のトップに立ったのが白河藩主の松平定信であった。6月19日に老中の座に就き、寛政改革を断行することになる。

## 江戸の町に賦課した七分積金

寛政改革の背景には江戸の打ちこわしに象徴される緊迫した社会情勢があった。よって、幕府のトップに立った定信としては、その再現を防ぐことが何よりも重要な課題となる。飢饉の再来に備えて、備蓄米を充分に用意しておかなければならない。さもないと、打ちこわしの再現は必至で、今度は自分が政治責任を問われるだろう。

寛政元年（1789）9月、幕府は諸藩に対して領内で米を貯えるよう命じた。翌2年（1790）から5年間にわたり高1万石につき50石の割合で貯穀させ、凶作や飢饉の時の食糧として備えさせたのだ。農村に対しても、凶作に備えて高100石につき米1斗の割合で

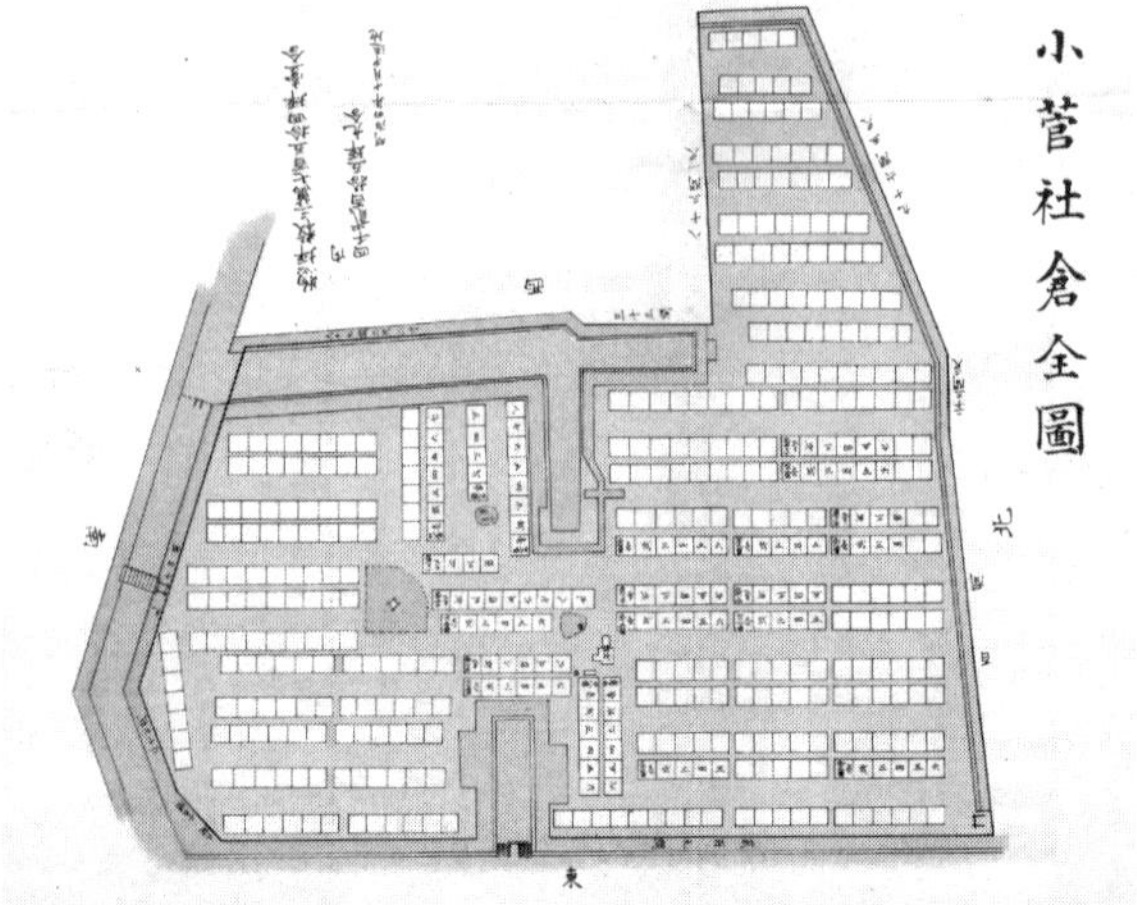


19世紀初頭に小菅につくられた社倉の絵図（『東京市史稿 救濟篇』国会図書館所蔵）

貯穀するよう命じている。

全国レベルで備荒貯穀《びこうちょこく》の充実が目指されるなか、消費人口が群を抜いていた江戸・京都・大坂の三都には社倉《しゃそう》を設置する。社倉とは飢饉に備えて設けられた穀物倉で、食料危機時に備蓄した米穀を給付することが想定された機関である。

ただし、問題は貯蔵される米穀を誰が負担するのかということであった。費用の問題がネックとなっていたが、江戸の町の場合は町入用の節約分が原資に充てられた。町入用とは各町の運営費であり、現代に喩《たと》えれば自治会費のようなものだが、不必要な出費が多いことを幕府は問題視していた。

寛政2年8月、幕府は江戸の町に対して町入用を使途別に報告することを命じる。12月に集計結果がまとまり、年間平均で町入用の総額は約15万5000両にも達した。その上で、無駄遣いを減らすための方法を江戸の町に提示し、どれだけ町入用を節約できるかを申告させた。幕府が提示した節約方法は、町火消各組が持つ纏《まとい》(意匠を凝らした旗印)の数を減らす、火消人足に革羽織を支給するのは止める、町奉行所に年に2度提出してきた人別帳は1度だけ提出すればよいなど、34箇条にも及んだ。

翌3年(1791)6月、申告させた節約可能額の集計結果がまとまり、その総額は約3万7000両となる。同年12月、幕府は備蓄米を買い入れるため、その7割にあたる2万6000両を積立金として差し出すよう命じた。社倉に備蓄する米穀を買い入れる原資としたが、この積立金が七分積金と呼ばれたのである。

同4年(1792)正月、神田川近くの向柳原《むこうやなぎはら》にあった馬場跡地に社倉の建設が決まる。保存面を考慮し、主に籾《もみ》で米穀は購入されたため、社倉は籾蔵とも呼ばれた。2月には、積金を扱う役所の名前が町会所《まちかいしょ》と決まる。

## 町会所による御救米・御救金の給付

町会所は江戸の町から納められた七分積金をもって籾を大量に購入し、社倉に備蓄した。しかし、幕府は飢饉を待つことなく、積金をもって購入した籾を玄米に摺《す》り立てた上で、生活困難に陥った困窮者に御救米として給付した。あるいは、積金をそのまま御救金として給付している。

飢饉以外でも、生活困難に陥る理由はいくつもあった。火災などはその典型的な理由である。火事と喧嘩は江戸の華とされたように、江戸は火災が多発した都市であり、その分、火災に遭って生活困難に陥る可能性は高かった。

そのため、幕府は焼け出された者たちを対象に町会所をして御救米や御救金を給付させたが、火災のたびに給付したわけではない。それでは際限がなく、大火と認定した場合にのみ給付した。寛政4年7月に麹町・赤坂を襲った大火がその最初だが、火災の時だけでなく水害や震災に襲われた時も罹災者に給付されている。

流行病の時も、生活支援の名目のもと給付が実施された。例えば、享和2年（1802）3月にはインフルエンザの大流行を受け、仕事にも行けず生活苦に陥った者が続出したとの見解に基づき、町会所は御救金を給付している。その対象者は江戸の町人の半分以上にあたる28万8841人にも達した。

実際、飢饉の時に御救米が給付されたのは天保の大飢饉に見舞われた天保4年（1833）9月が最初である。10日分として白米5升が御救米として配給された。現代の感覚からすると多過ぎるが、当時は1日に白米を5合食べるという算定方法が取られていたのである。対象者は30万人を超えたが、これにより天明の大飢饉が引き起こしたような米騒動は江戸では起こらなかった。幕府の狙いが当たった形だった。

このように、町会所では町人からの積立金を資本に米穀を買い入れて備蓄米とし、飢饉や火災・水災・震災時、あるいは流行病の時、生活支援として御救米や御救金を給付した。財政難の幕府としては懐を痛めることなく、町人が拠出した積金をして、その生活を持続化させられるメリットがあった。社会保障費の負担を減らす効果もあった。

七分積金とは、社会不安を防いで江戸の安定を実現させるための秘策だったのである（安藤優一郎『江戸幕府の感染症対策』集英社新書）。

## 21

【切り札解禁で幕府財政は不安定化】

# その場しのぎの貨幣改鋳を連発

### 増え続ける歳出の理由

寛政改革では倹約を励行して経費の節減に努めるほか、豪商の資金力に依存することで政策実現に必要な財源を確保した。あるいは、社会保障費を江戸の町に依存するシステムを構築することで、歳出の削減がはかられた。財政負担の転嫁である。歳入面では農村復興による年貢収入の増加を通じて、そのアップを目指した。

これらの方策を駆使することで財政の健全化がはかられたが、寛政5年（1793）に松平定信が失脚して寛政改革が頓挫すると、財政はまたしても悪化の兆しをみせはじめる。定信が失脚した後も、代わって幕府のトップに立った老中首座・松平信明《のぶあきら》が緊縮財政の方針を堅持する間は、何とか財政は持ちこたえる。しかし、様々な出費が嵩《かさ》んだことで、その方針の維持が困難となっていく。

なかでも、同12年（1800）にロシアの脅威に備えて蝦夷地《えぞち》を直轄地としたことは、幕府にとって重い財政負担となった。広大な未開地の経営に直接あたることで莫大な出費を余儀なくされたのである。

時の11代将軍家斉の豪勢な生活も出費の増大に拍車をかける要因となるが、家斉が50人以上もの子どもを儲けたことも大きかった。養育費が非常に膨らんだからだ。

いつまでも江戸城に住まわせるわけにはいかない以上、男子ならば諸大名の養子とし、娘ならば輿入《こしい》れさせることになるが、その際には数万両単位の持参金が必要だった。また、将軍家と格が見合うよう、数万石単位で加増させる場合まであった。幕府は縁組みのたびに莫大な出費を求められ、財政が火の車となるのは時間の問題となる。

文化14年（1817）には、幕府の財政を預かる

徳川家斉像（模本）。子だくさんで贅沢好きの家斉が莫大な出費を強いたことが一因で、幕府財政は悪化した（東京大学史料編纂所所蔵）

勘定方から財政悪化を克服するためのプランが提案される。そこでは歳入をアップさせる手段として通貨改鋳が提案されていた。5代将軍綱吉の時代に、勘定奉行・荻原重秀が主導した金銀貨の質を落とす手法の復活である。

第二章で述べたとおり、幕府は財政逼迫を背景に、金銀貨の質を落とした改鋳を2度にわたって実施したことがあった。金や銀の含有率を引き下げた分、金貨や銀貨を大量に鋳造できるようになったことで、幕府は労せずして収入が増やせた。この改鋳差益による増収分は「出目《でめ》」と呼ばれた。

金銀貨の品位を下げる改鋳により幕府の財政危機は一時的に救われたが、万事うまくいったわけではない。質が落ちた金貨や銀貨が大量に出回ったことで、通貨の価値がおのずから下がり、インフレが引き起こされたからである。インフレにより物価が上昇し、庶民の生活が苦しくなったため、幕府への不満は高まる。

よって、6代将軍家宣を侍講として補佐した儒学者・新井白石は金銀の含有率を元に戻す政策を断行する。白石は、金銀貨の質を落とすことは鋳造者たる幕府の威信を低下させるものという考えの持ち主だった。

以後、幕府はこの方針に則り、金銀貨の質を落とすことで臨時収入を得る手法を封印してきた。だが、それも限界に達していた。

## 再び通貨の質を落とす

文政元年（1818）、幕府は金銀貨の質を落とす改鋳に踏み切る。その決断を下したのは、この年に老中に昇任した水野忠成《ただあきら》である。忠成は将軍家斉の篤い信任をバックに従来の通貨政策を転換し、元禄・宝永の改鋳以来、3度目となる改鋳を断行した。金や銀の含有率を引き下げることで、労せずして歳入を増やす手法に再び手を染める。

文政元年4月、幕府は文政真文二《ぶんせいしんぶんに》分金《ぶきん》の鋳造を開始する。当時、一般に流通した金貨は1両単位の小判と、その4分の1にあたる一分金の2種類だったが、ここに1両の2分の1にあたる二分金が新たに登場した。

金の含有率は56・4%であり、それまでの小判や一分金と比較すると10%近く低かった。

文政真文二分金。1両の半分の価値。長径約2.4cm、短径約1.3cm（日本銀行貨幣博物館所蔵）

翌2年（1819）6月には小判や一分金の改鋳が実施されたが、金の含有率は同じく56・4%だった。銀貨についても、銀の含有率を引き下げる改鋳が実施されたのだ。

品位を下げることで差益の獲得を目指した今回の改鋳では、金貨が約4820万両、銀貨が22万5000貫鋳造された。その結果、幕府は総額550万両もの臨時収入を得ることができた。

文政の改鋳により、幕府は財政破綻の危機から脱した。臨時出費を賄えたが、その副作用とも言うべきインフレが江戸の経済を襲う。幕府は江戸の町に向けて物価の引き下げを命じる町触《まちぶれ》を出すが、一片の法令のみではほとんど効果はなかった。その上、貨幣改鋳を通じて差益の獲得を目指す政策が継続されており、さらなるインフレは避けられなかった。

## 改鋳差益なしでは成り立たなくなった幕府の財政

天保5年（1834）に老中首座・水野忠成が死去した後、代わって幕政を主導したのは天保改革でその名が知られる老中・水野忠邦だが、同8年（1837）、忠邦は金銀貨の品位を引き下げる改鋳を断行する。

この年、将軍在職50年にもわたった家斉が隠居し、跡継ぎの家慶が12代将軍の座に就いた。そのため、代替りの儀式が執行される運びとなったが、それに要する費用は巨額なものになることが予想された。折しも天保の大飢饉の最中で、飢饉に苦しむ人々への救済費も必要だった。

よって、忠邦は莫大な臨時出費を賄うため、文政の改鋳時よりも品位を下げた改鋳をは

◎幕府財政の内訳〈天保14年(1843)〉

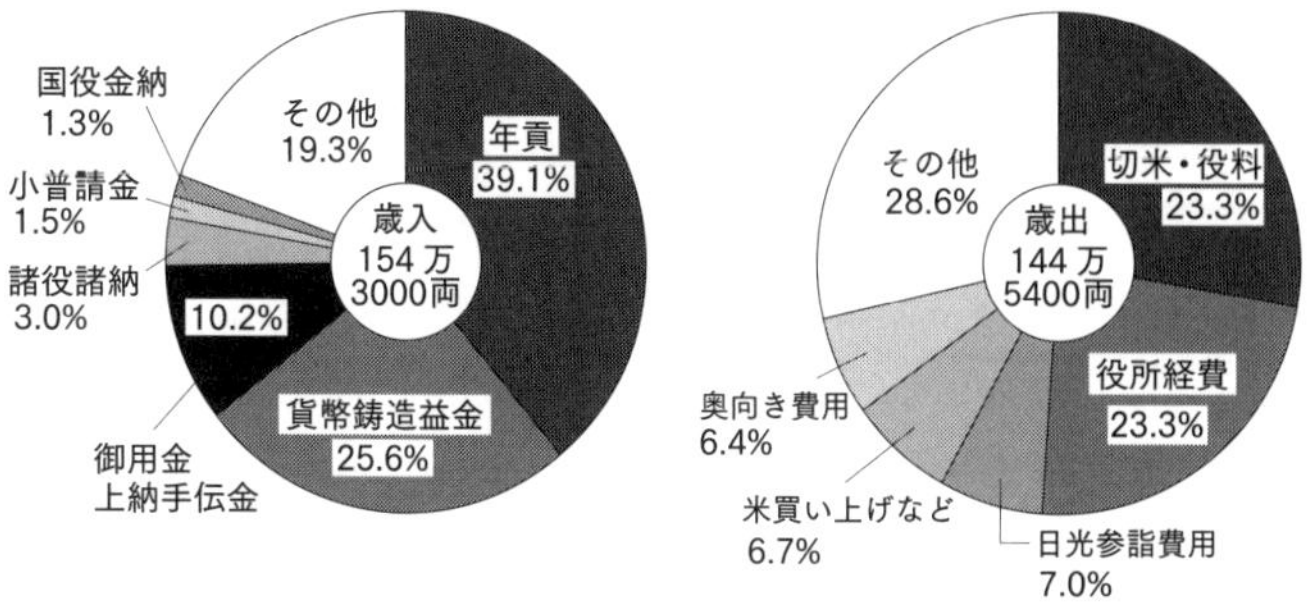


(『江戸博覧強記』所収の「幕府財政の内訳」などを元に作成)

かった。金貨については金の含有率はほぼ同じだったものの、重量を減らすことで含有量を減らした。銀貨は銀の含有率を10％減らしている。この手法により得た差益をもって臨時出費に充てたが、天保の大飢饉で年貢量が激減した歳入の補填にも充てていた。

通貨の改鋳は幕府の財政危機を救ったが、差益を臨時出費や歳入の補填に充てる手法はこの後も何度となく繰り返される。その結果、改鋳の差益なしでは成り立たないという不健全な財政構造に陥った。

上の表は、天保14年（1843）の歳入グラフである。100年以上前の享保15年（1730）時点と比べると、改鋳による差益つまり益金が年貢収入に次いで約4分の1を占めていることがわかる。享保15年時と比較すると、年貢収入がほぼ頭打ちになっている現状とともに、改鋳の差益なしでは財政が成り立たない現状がはっきりと確認できる。

幕府は改鋳の差益に依存する財政構造から脱却できなくなってしまうが、通貨の品質低下は幕府の権威を失墜させる副作用もあった。その副作用も幕府の終焉を早めた要因となったのである。

## 22

## 【名目は江戸城再建費の徴収だが…】

# 大名から集めた金を懐に

### 焼失を繰り返す江戸城

天保8年（1837）に将軍の座を世継ぎの家慶に譲った家斉は、将軍の居所である江戸城本丸御殿から西丸御殿に移る。前将軍（大御所）となった家斉は表向き幕政から退いたが、実際のところは大御所として隠然とした政治力を誇示した。そのため、同12年（1841）閏正月に死去するまでは、いわゆる大御所政治の時代とされている。

歴史をさかのぼると、初代将軍家康、2代将軍秀忠、8代将軍吉宗も同じく大御所として、それぞれ2代将軍秀忠、3代将軍家光、9代将軍家重を後見していた。家斉もそのスタイルを踏襲して12代将軍家慶を後見したが、大御所となった翌年に大事件が起きる。新たな居所となった西丸御殿が炎上し、焼失したのだ。

江戸初期、江戸城は焼失と再建を繰り返していた。

本丸御殿は寛永16年（1639）、明暦3年（1657）の2度焼失し、2度再建された。明暦3年の焼失は、江戸の大火を代表する明暦の大火によるものである。西丸御殿は寛永11年（1634）に焼失し、同13年（1636）に再建された。

天守は三たび焼失し、2度目までは再建されたものの、3度目の焼失となった明暦の大火後は再建されなかった。泰平の世に入っていたことで、天守は歴史的役割を終えたと判断されたからだ。

すなわち、西丸御殿の場合は寛永11年以来、200年以上にわたって火災を免れていたが、ついに天保9年（1838）3月10日朝、御殿内から出火し、紅蓮の炎に包まれる。

その結果、焼失の憂き目に遭うが、再建に向けての幕府の動きは非常に速かった。隠居した身とはいえ、大御所として現将軍の家慶も頭が上がらない家斉の居所だったからである。

## 諸大名に再建費を上納させる

焼失から3日後の同13日、老中水野忠邦が西丸御殿再建の惣奉行に、若年寄・林忠英《ただふさ》が副奉行に任命された。16日には、尾張徳川家、紀州徳川家、加賀藩前田家、溜間詰《たまりのまづめ》の大名たちが御手伝、つまり普請費の上納を命じられた。

溜間詰とは御三家を除く徳川一門の親藩大名と譜代大名のなかで、幕府からの信任が特に篤い大名に用意された城中での詰所つまり殿席《でんせき》のことである。親藩では会津藩松平家、高松藩松平家、譜代大名では彦根藩井伊家などが溜間詰を許された。

明治時代初期に撮られた江戸城西丸の二重橋。橋を渡った先にある西丸御殿は江戸時代末に再建された

かつての御手伝は、実際に諸大名をして普請にあたらせるものだったが、当時は城郭にせよ河川の普請にせよ、費用を差し出すだけであり、御手伝は金納化していた。幕府は今回の西丸御殿再建で高1万石につき1500両を上納するよう命じたが、御三家、前田家、溜間詰大名は御手伝を命じないのが今までの慣例であった。

同日、幕閣を構成する老中や若年寄（各々の定員は4～5名）が、老中は3000両、若年寄は500両ずつの献金を自主的に申し出る。後には、大名が任命される寺社奉行や奏者番も御手伝の対象に含まれるが、役職者の場合も御手伝の対象外であるのが同じく慣例のはずだった。

御手伝が金納化されて以降は、普請が完了する直前、あるいは完了後に御手伝を命じるのが通例であった。普請に要した費用を把握した上で御手伝を賦課したわけだが、今回は普請に先立って命じている。普請費用をできるだけ早く確保して西丸御殿再建に着手したい幕府の焦りが読み取れる。

今回の御手伝はまさに異例続きだったが、当時は天保の大飢饉の最中で幕府も諸大名も財政が逼迫していた。言うまでもなく、飢饉は年貢収入に直結する問題である。

しかし、幕府の権威の象徴たる江戸城の再建はできるだけ早く実現しなければならず、諸大名には何としても普請費用を負担してもらう必要があった。そのため、今までは御手伝の対象外だった御三家、前田家、溜間詰大名そして老中や若年寄も対象に含めることで、諸大名が幕府からの御手伝の命を断りにくい状況を作り出そうと目論む。

その後、幕府は諸大名に御手伝を命じ、あるいは上納金を許可していく。先に述べたとおり、御手伝を逃れたい大名側が先手を打つ形で自主的に上納金を申し出る事例も増えていた。御手伝を命じられるよりも負担が少ないとみたわけだが、幕府はこれも活用して普請費用の確保をはかった。大名だけでなく、旗本に対しても高100俵につき2両の割合で上納金を命じる。

その結果、幕府は再建費として170万両以上を確保することに成功する。当時の年間歳入を超える額であった。費用の調達に目途《めど》が付いた幕府は8月から再建工事に着手し、翌10年（1839）11月には普請をすべて完了させる。

## 再建費流用への諸大名の反発

西丸御殿再建に要した費用は140万両前後であった。幕府は諸大名に負担を転嫁することで、みずからの懐を痛めずに普請を完了させることに成功するが、それでもなお手元には30万両残った計算である。幕府はこの余剰金を歳入に組み込んでしまったようだが、そうした先例はすでにあった。

5代綱吉の晩年にあたる宝永4年（1707）の富士山噴火の際、全国から復興を名目に取り立てた国役金は約49万両にも達したが、その大半は復興に使われず、幕府は別の使途に流用した。この先例に倣った形だが、当然ながら、諸大名たちからの批判は避けられなかった。

西丸御殿焼失からわずか6年後の天保15年（1844）5月10日、今度は本丸御殿が焼失する。今回も幕府は諸大名に再建費を転嫁したが、高1万石につき500両の割合での上納だった。負担額が前回に比べて3分の1に減ったのは、諸大名の反発に配慮したからに他ならない。

よって、今回は再建費を諸大名にすべて負担させることはできなかった。幕府はその半分強にあたる97万両余を出費している（松尾美恵子「幕藩制解体期における公儀普請役」『徳川林政史研究所研究紀要』昭和五十四年度）。

しかし、財政難である以上、そんな臨時出費はとても賄えない。通貨改鋳による差益で乗り切るしか残された道はなかった。幕府は改鋳の差益に依存する財政構造から、ますます脱却できなくなるのである。

# 23 【水野忠邦による財政再建計画】土地集約を狙うも失敗して権威に傷が

### 上知令の狙い

天保12年（1841）閏正月、大御所として君臨していた前将軍家斉が病のため西丸御殿でその生涯を閉じると、老中首座・水野忠邦は幕閣の粛清を決意する。

同年4月、将軍家慶から篤い信任を受けていた忠邦は、家斉の寵を後ろ盾に権勢を振るった若年寄の林忠英《はやしただふさ》、御側御用取次《おそばごようとりつぎ》の水野忠篤《ただあつ》、御小納戸《おこなんど》頭取の美濃部茂育《みのべもちなる》を罷免した。翌5月、家慶は主だった幕府役人を集め、享保・寛政の改革の精神に則って改革を断行する旨を訓示する。忠邦主導による天保改革の開始であった。

天保改革でも財政再建が焦眉の課題となっていた。忠邦は幕領の年貢徴収を強化する一方で、江戸・大坂周辺の大名や旗本の所領つまり私領を取り上げ、幕領にしようと計画していた。江戸の町や大坂の町は幕府の直轄領だが、その周辺は幕領、大名領や旗本の所領が入り混じっていた。大名領の場合は飛び地ということになるだろう。

江戸・大坂周辺の農村地帯は同じ地域であっても、個別の村となると領主は異なる事例が非常に多かったのだ。村でさえ、複数の領主が一つの村を分割支配する事例は珍しくない。そのため、治安があまり良くなかったが、これは次のような事情による。

ある幕領の村で何か盗みなどの事件を起こした犯人が、同じ幕領の村ならばともかく、大名領や旗本領など私領の村に逃げ込むと、幕領の役人は私領に踏み込んで捕縛することができなかった。その私領の領主に掛け合い、捕縛の許可を得た上で踏み込むことになるが、そうした手続きを取っている間に、犯人は別の私領の村に逃げ込んでしまう。

結局のところ、いたちごっことなって犯人を捕縛できない。私領の村で事件を起こした犯人が幕領の村に逃げ込んだ場合も、事情はまったく同じである。その結果、治安が悪化するのは避けられなかった。

幕府からすると、江戸や大坂周辺の村々をすべて直轄地にしてしまえば、こうした問題は起きない。支配する土地が一つにまとまっている方が支配しやすいメリットもあった。もちろん、所領を取り上げることになる大名や旗本には代替地として、江戸・大坂周辺以外の幕領の村を与える予定だった。
同14年（1843）6月1日、幕府は江戸城最寄り10里（40キロメートル）四方の範囲内にある私領を取り上げると申し渡した。教科書では定番の記述となっている上知令である。続いて、大坂城最寄り10里四方の範囲内の私領も上知する旨が触れられた。

大坂郊外の高安の里。左側には木綿を売買する様子が描かれている（『河内名所図会』国会図書館所蔵）

## 借財の返済を求める領民たち

忠邦が江戸城・大坂城を起点に、その半径10里以内の村をすべて幕領にしようとしたのは、実は治安問題だけが理由ではなかった。江戸・大坂周辺の農村では商品作物の栽培が盛んで、富裕な豪農も数多く住んでいたことに目を付けたのである。とりわけ、大坂周辺は木綿の一大産地として知られた。

年貢は農地から取れる米に賦課され、商品作物には課税されないのが原則だった。すなわち、年貢米あるいは年貢米相当の金銭を領主に納めさえすれば、商品作物の販売による利益は栽培した農民の取り得である。

よって、江戸時代の農民たちは様々な商品作物を栽培し、これを販売することで現金収入を得たが、特に江戸・大坂周辺の農村では商品作物の栽培と販売で富を蓄積する農民つまりは裕福な豪農が多かった。

商売を専業にする豪農も少なくない。豪農というよりも豪商だった。

江戸・大坂周辺の農村には富裕な農民が多かったが、当の領主にしてみると、いざという時に頼りになる領民でもあった。臨時出費が必要となった際に、御用金の名目で多額の金子《きんす》を賦課できたことは大きかった。

御用金は献金ではなく、利息付で返済されるのが建前である。返済期限も設定されていたが、領主側の懐事情で期限を延ばすことは当たり前になっていた。返済が滞っても、領民としては領主に請求しにくく、挙句の果てには踏み倒される事例までみられた。要するに泣き寝入りを余儀なくされた。

御用金の額は借り手の領主側から指定するのが通例だった。領主である以上、領民としては無下に断ることもできず、減額を交渉するのが精一杯だったことは前章で述べた。

領主側にとっては富裕な豪農が領民であることは何かと都合がよかったが、上知令とはそんな既得権益を幕府に根こそぎ奪われることを意味した。幕府にとっては財政の強化につながる政策であり、これが上知令の一番の狙いだったが、所領の農村が上知対象となった大名や旗本は強い難色を示す。財政基盤が弱体化するからである。

年貢の前納問題もあった。大名にせよ旗本にせよ、その財政は非常に厳しく、翌年の年貢を前納させるのはごく当り前のことになっていた。現在に喩えれば予定納税のようなもので、数年分の前納も珍しくない。

上知令によって領主が幕府に代わることで、領民がこれまで納めてきた御用金や年貢前納金が無効になる恐れもあった。領主ではないことを口実に、債権が踏み倒されるわけだが、新領主の幕府からは改めて年貢が賦課される。年貢を前納していた農民にとってみれば二重取りである。

当然ながら、領民側は旧領主となる予定の大名や旗本に対して御用金や年貢の前納金の返済を強く求めたが、財政難の大名たちとしては無い袖は振れなかった。しかし、領民たちは納得できるはずもなく、百姓一揆を起こしてでも領主に返済を求めることになる。

## 大名だけでなく幕閣からも非難の声

こうした領民の動きに突き動かされる形で、上知令対象の大名や旗本たちが幕府に対して同令に反対する意思を表明しはじめる。当の大名や旗本にしてみると、上知令が撤回されれば、御用金や前納分の年貢の返済も不要となる。

上知令反対の声は幕閣内からも上がった。忠邦を支えていた老中・土井利位《どいとしつら》が反対派にまわったのだ。土井は下総古河藩の藩主だが、大坂周辺に飛び地の形で所領を持っていた。つまり、上知令の対象であったが、同じく領民から前納分の返済を強く求められたことで窮地に陥る。

足元に火が付いた結果、老中として上知令を推進する立場でありながら、古河藩主としては反対に回らざるを得なくなる。さらに、御三家の紀州徳川家までもが反対派に回った。

こうした政権内部からの反対の声の高まりを受け、忠邦は上知令の継続がもはや不可能な状況に追い込まれる。上知令が撤回されたのは9月7日のことである。閣内不一致により改革の継続も無理となり、日ならずして政権を投げ出す。

同13日、忠邦は老中を辞職し、天保改革は失敗に終わった。財政再建が日の目を見ることもなかったのである。

第五章

# 外圧が招いた財政破綻

～13代家定から15代慶喜まで～

財政再建も重要な柱であった天保改革が失敗した頃、幕府は外圧への対応にも苦しんでいた。欧米列強の艦船が江戸湾などに来航して開国・通商を要求したため、幕府は海防の強化に迫られ、軍事費がうなぎ上りとなっていた。

とりわけ、開国後はその傾向に拍車がかかる。財政破綻も現実味を帯びるほどの支出を余儀なくされた。

幕府は年貢収入に加え、利殖を積極的に展開することで歳入を増やす手法に力を入れてきた。臨時出費を迫られた場合は、御用金《ごようきん》の賦課という形で諸大名や幕領の領民に負担を転嫁する手法も取った。だが、そんな資金繰りも限界に達しようとしていた。

結局、通貨の改鋳により得た差益分を歳入に充てることで急場を凌ぐことが常態化するが、それはインフレつまり物価高騰の常態化を招いた。生活苦に陥った庶民の不満は高まる一方であった。

欧米との自由貿易が開始され、生糸など国内の産物が大量に海外に流出するようになると、国内では品不足を背景に生糸などの価格が暴騰する。それに連動する形で、他の物価も高騰した。

欧米との貿易が引き起こした物価高は排外意識を高揚させ、攘夷運動が激化する大きな要因となる。薩摩藩が起こした生麦事件に象徴される外国人への殺傷事件や、長州藩による外国船砲撃事件も起きてしまう。

もちろん、ただで済むはずはなかった。後始末のため、幕府は莫大な賠償金の支払いを余儀なくされる。

国内でも血生臭い事件や戦争が各所で起きており、幕府はその鎮圧のため莫大な軍費を必要としていた。支出は膨れ上がる一方で、幕府は通貨改鋳に代わる手法を見つけなければならなくなる。

そこで幕府は新たな資金繰りの方法を計画する。紙幣の発行、外国からの借款をもって歳出に充てようと目論んだのだ。

本章では、明治政府が踏襲することにもなる資金繰りの手法を明らかにする。

# 24 【欧米列強といかに対峙するか】参勤交代の緩和で軍事費捻出を目指す

## 軍事力の強化を迫られる幕府

幕末に入ると、幕府は海防の強化そして欧米列強をモデルとした軍制改革を推進していくが、こうした軍事力の強化は幕府だけの問題ではなかった。その課題には挙国一致で臨むことが必要であり、諸大名にも軍事力の強化を強く求めたが、彼らも同じく財政難に苦しんでいた。資金繰りに頭を悩ませていた。

そこで幕府が打ち出したのが、諸大名に義務付けた参勤交代制の緩和という秘策である。参勤交代の間隔を延ばすとともに、江戸での在府期間を短縮することで、諸大名の負担を大幅に軽減させ、その分を軍備の充実に充てさせようと目論む。

美濃国（岐阜県）加納の宿場町を通る大名行列（「五拾四 木曽海道六拾九次之内 加納」国会図書館所蔵）

参勤交代とは幕府が諸大名に課した義務で、原則として1年おきに江戸に出府つまり参勤することになっていた。そして1年間、江戸屋敷（藩邸）で過ごした後、他の大名と江戸参勤の義務を交代するという形で国元に帰国した。さらに、妻子を人質の形で江戸藩邸に置くことになっており、国元に帰国させることは許されなかった。よく知られているように、参勤交代は幕府による諸大名統制の根幹を成す制度であった。

一方、参勤交代を義務付けられたことで、諸大名は莫大な出費を余儀なくされる。その経費は当該大名の年間経費の5～10%を占めたが、内訳をみると、人足賃、運賃（川越代・船代、雇った馬代）、物品購入費、宿泊費の順で多かった。人件費が最大の出費であるのは、いつの世も同じなのは興味深い。

その分、道中の宿場や街道筋には金が毎年落ちた。現代風に言うと、全地方自治体の年間予算の5〜10％に相当するわけであるから莫大な経済効果である。江戸経済に与えたインパクトの大きさは想像するにたやすい。

さらに、諸大名は江戸参勤に伴い、江戸で1年間、大勢の家臣たちと共同生活を送ったが、それに要した経費は年間予算の半分にも達した。道中での経費のみならず、江戸での出費もカウントすれば、参勤交代が江戸経済に与えたインパクトとは計り知れないものになるはずだ。

よって、幕府としては参勤交代の制度の緩和により諸大名の出費を大幅に減らせば、軍事力強化は可能と見込んだのである。

### 参勤交代制を緩和する

開国から8年後にあたる文久2年（1862）閏8月15日、14代将軍家茂《いえもち》は江戸城黒書院《くろしょいん》に出座し、諸大名宛の上意書を通達した。参勤交代制の緩和により負担を軽減するので、軍事力の強化に努めよとの趣旨の文書だった。

将軍の上意を受ける形で、幕府は同22日に諸大名の負担軽減に関する指令を発したが、その主な内容は次のとおりである。

①諸大名の江戸参勤は3年に1度。
②江戸在府期間は100日に短縮とするが、御三家など徳川家に近い大名は1年のままとする。
③江戸に置いていた妻子は国元に帰国させても構わない。
④大名が現在国元に戻っている場合は、江戸藩邸には多くの家臣を置かないようにせよ。
⑤年始・八朔《はっさく》・参勤・家督相続以外の儀礼に伴う将軍への献上物、幕閣への進物は全廃とする。

この一連の指令により、諸大名の出費は大幅に減少した。参勤交代の回数が減れば、その分道中の費用が省ける。江戸在府中の経費は金食い虫となっていたが、江戸在府の期間が短くなれば同じく出費の軽減になる。将軍への献上物や幕閣の役得となっていた進物代のカットも同様だ。

だが、江戸在府期間の短縮は諸大名の出費に大きく依存していた江戸の経済に、大打撃を与えた。諸大名や家臣を相手にした商売や、大名屋敷から発注される普請などが激減し、江戸は経済不況に陥る。

実は同じことが吉宗の時代にも起きていた。享保改革の一環として、財政難に陥った幕府が諸大名に米の上納を求め、その見返りに参勤交代を緩和したところ、江戸の消費経済が大きく沈滞化したのである。

今回の緩和は諸大名の財政にゆとりを与えて軍事力を強化させることが目的だったが、その代償として生活苦に陥った者たちの不満が同じく高まってしまう。幕府への信頼が揺らぐ事態となったのである。

## 諸大名の自立化が進む

参勤交代制の緩和は江戸経済に深刻な影響を与えたが、政治的な悪影響はより深刻だった。上米令の時は諸大名妻子の帰国までは許可しなかったが、今回は国元で国防に専念できるよう、妻子の帰国を許した。これには、江戸藩邸詰の人数を減らし、江戸における諸大名の負担を減らす意図もあった。

だが、国防を重視して参勤交代制を緩和したことで、幕府と諸大名の関係は一変する。諸大名の妻子の帰国まで認めたことで、幕府の権力は弱体化を免れなかった。対照的に、諸大名とりわけ外様大名の自立化が進み、幕府への対抗姿勢を隠そうともしなくなる。

その反省から、元治元年（１８６４）９月に幕府は参勤交代制の緩和令を撤回する。諸大名に対し、毎年の江戸参勤と妻子の江戸居住を命じた。これ以上の諸大名の自立化を阻むべく、従来の参勤交代制に戻そうとしたのだ。

しかし、莫大な出費が再び強いられる幕府の命令に諸大名が従うはずもなかった。病気などと様々な理由を並べ立て、江戸参勤をサボタージュする大名が続出する。国元に戻った妻子も江戸に出府させなかった。

参勤交代制復活という幕府の方針は、諸大名の抵抗に遭って頓挫する。幕府にしても、諸大名に強制するだけの力はもはやなく、そのまま終焉を迎えた。

## 25

# 【欧米列強とのいざこざに巻き込まれる】賠償金の支払いで財政がさらにピンチ

### 相次ぐ外国人殺傷事件

安政5年（1858）6月19日、幕府はアメリカとの間に自由貿易の開始を意味する日米修好通商条約を締結した。その後、オランダ・イギリス・ロシア・フランスとも通商条約を結んだ。この時に結ばれた条約は安政の五か国条約と総称されている。

通商条約締結を受け、幕府は5か国に対して開港場の設置を約した。神奈川、長崎、兵庫、新潟、箱館の5港である。条約に基づき、開港場には各国の領事館、江戸には外国公使館が設置されることになった。

欧米列強では、それまでオランダとのみ長崎で貿易をおこなっていた。自由貿易ではなく

幕末に描かれた横浜の様子（「御開港横浜之全図（部分）」国会図書館所蔵）

幕府が許可した商人に限定して貿易を許す形であり、その利益は幕府が独占する仕組みだった。江戸から旗本を長崎奉行として派遣し、貿易事務に加えて外交事務も管掌させた。

一方、貿易相手であるオランダ人には、港外に造成した埋立地・出島に住むよう強制した。出島は居留地のようなもので、その外つまり長崎市中に長崎奉行の許可なくして出かけることはできなかった。出島にはオランダ商館が置かれ、オランダから派遣された商館長が外交官として長崎奉行との交渉にあたった。

ところが、今回の安政の五カ国条約は幕府の役人が介在しない自由貿易のスタイルだった。外国商人たちは開港場内の居留地に住むことが強制されたものの、自由に外へ出ることができた。神奈川（横浜）の場合は、10里（約40キロ）四方までが行動可能な遊歩地域と定められた。

5か国に開港を約した5港は同時に開港するのではな

かった。翌6年（1859）6月に長崎と箱館と神奈川を開港した後、兵庫と新潟を開港する予定だった。長崎はすでに開港していたようなものだが、幕府は江戸にも近い神奈川の開港に難色を示す。人の往来が激しい東海道神奈川宿に開港場を設置してしまうと、日本人と外国人との間でトラブルが起きやすくなると懸念したのだ。

当時は外国を排撃する攘夷運動が各地で広がりをみせはじめ、攘夷の志士たちによる外人襲撃の危険性も高まっていた。往来の激しい東海道沿いの神奈川に開港場を設置するのは、過激な攘夷の志士にその機会をわざわざ与えるようなものだった。

そこで、東海道から数キロも離れた横浜村を神奈川と称して、同村に開港場を建設する。運上所、波止場、外国商人が住む外国人居留地、日本商人が住む日本人町などが立ち並ぶ開港場が出来上がり、横浜が開港となったのは同6年6月のことである。

攘夷の志士による外国人襲撃を恐れた幕府は開港場の警備を強化するが、早くも同7月に、攘夷の志士が日本人町でロシアの士官・水兵を殺傷する事件が起きる。その後も同様の事件が頻発し、万延元年（1860）2月にはオランダ船長たちが殺害され、幕府はオランダに2000両の賠償金を支払っている。外国人の殺傷事件を受け、幕府が賠償金を支払った最初の事例であった。

## 生麦事件の賠償金支払いを肩代わりする

条約締結に伴う居留地や遊歩地域の設定は攘夷の志士たちを強く刺激した。殺傷事件の頻発を招いたが、大名までもが外国人を殺傷する事件を起こす。生麦事件である。

文久2年（1862）8月21日、薩摩藩主・島津茂久《もちひさ》の実父・島津久光を守護する行列が、東海道神奈川宿近くの生麦村を通行中、イギリス人を殺傷に及んだのだ。その日、横浜居留地にいたイギリス人の男女4人は川崎大師まで出かけるため、東海道を騎馬で東に向かっていたが、東海道を西に向かう久光の行列と生麦村で鉢合わせしてしまう。騎乗したイギリス人が行列に紛れ込んだことで、警護の薩摩藩士に斬りつけられ、4人のうち1人が絶命した。

この事件は横浜居留地の外国商人たちに大きな衝撃を与えたが、イギリスは幕府に賠償金の支払い、当事者の薩摩藩には賠償金に加えて犯人の処刑を求めることを決め、文久3年（1863）2月

薩英戦争の図。英軍艦が薩摩藩を攻撃している。フランスの絵入り新聞「ル・モンド・イリュストレ」に掲載された

に軍艦12隻を横浜に入港させた。軍事的威圧のもと、謝罪と賠償金の支払いを幕府と薩摩藩に呑ませるためである。

5月9日、謝罪と賠償金支払いに応じなければ開戦も辞さないイギリスの強硬姿勢に幕府は屈し、10万ポンドの賠償金を支払った。幕府を屈服させたイギリスは、6月28日に7隻の軍艦を鹿児島湾に入港させて賠償金の支払いと犯人の処刑を求めたが、交渉は難航する。

ついに、7月2日に開戦となり薩英戦争がはじまる。両者痛み分けの結果となったが、軍事力の差を思い知った薩摩藩はイギリスとの和平交渉に入り、犯人の捜索と処刑、賠償金2万5000ポンドの支払いに合意した。

その後の顛末だが、犯人は行方不明ということで処理され、イギリスもそれ以上追及することはなかった。賠償金は幕府が立て替える形で支払われたが、薩摩藩が立て替え分を幕府に返却することはなく、生麦事件と薩英戦争は幕府の財政難をより悪化させただけの結果に終わった。

## 下関戦争の賠償金支払いも肩代わりする

幕府がイギリスに生麦事件の賠償金を支払った翌日にあたる5月10日は、幕府が朝廷に対して攘夷の実行を約束した日でもあった。長州藩は攘夷の魁《さきがけ》をなす形で、下関海峡を通行していたアメリカやフランスの商船に砲撃を加える。

しかし、砲撃を加えられた両国は黙っていなかった。その直後の6月、軍艦を下関に急派して長州藩の軍艦を撃沈し、砲台も破壊した。報復攻撃をかけたわけだが、それを上回る大規模な攻撃が翌元治元年（1864）8月に実行される。長州藩に攘夷の無謀さを認識させるための英仏米蘭四か国連合艦隊による下関砲撃だ。下関戦争、馬関戦争ともいう。

8月5日より下関砲台への攻撃が開始されたが、戦争は4か国側の一方的な勝利に終わる。砲台は壊滅。そして上陸した陸戦隊により占領された。

長州藩は講和を求めて高杉晋作を派遣し、同18日に下関海峡航行の自由、下関砲台の撤去、300万ドルの賠償金の支払いを約束した。事実上の降伏であり、ここに長州藩は攘夷の方針を撤回した。なお、1両を4ドルで換算すると75万両（約750億円）の計算となる。

長州藩が約束した賠償金300万ドルの支払いだが、幕府が支払う羽目となる。下関戦争の発端となった文久3年（1863）の砲撃とは、幕府が朝廷に約束した攘夷の実行に従っただけという長州藩の言い分が

英仏米蘭との講和役を担った高杉晋作

通ってしまったからである。

賠償金の支払いを余儀なくされた幕府は6回に分けて支払うことになったが、財政難の幕府としては至難の業だった。それに目を付けたイギリスは支払い延期を認める見返りとして、慶応2年（1866）5月に関税率を20％から5％に引き下げる改税約書の締結に成功する。

これにより、幕府が貿易開始により得た関税収入は自動的に4分の1に減ってしまう。2年前の元治元年（1864）の関税収入が174万両にも達したことを踏まえると、ゆうに100万両を超える大金を一挙に失った形であった。

薩摩藩や長州藩による攘夷運動は幕府の滅亡を早めるだけでなく、さらなる財政難に追い込む運動でもあった。

## 26

# 【莫大な御用金を催促、幕臣の給与を半減…】なりふりかまわず軍事費を捻出

### 最大の財政支出となった長州征伐

内憂外患の高まりにより、幕府は財政破綻も現実味を帯びるほどの支出を余儀なくされたが、最大の支出といえば長州藩との戦争に要した軍費をおいて他にない。いわゆる長州征伐に伴う出費である。

長州征伐は2度行われた。元治元年（1864）7月、長州藩は京都市中に乱入して御所を目指すが、禁裏御守衛総督・一橋慶喜指揮のもと御所を守る会津藩や薩摩藩に敗れた（禁門の変）。そして、御所に向けて発砲した廉《かど》をもって朝敵に転落し、朝廷からの勅命を受ける形で幕府や諸藩の兵士から構成された征長軍が組織される。第一次長州征伐のはじまりで

徳川家茂像（模本）（東京大学史料編纂所所蔵）

あった。

しかし、征長軍参謀を務めた薩摩藩士・西郷隆盛の奔走により、長州藩が事実上降伏したことで、同年12月に第一次長州征伐は不戦のまま終わる。戦争は終わったが、戦後処理はまた別の話だった。長州藩にいかなる処分を下すのかが次の課題となる。

西郷は藩主毛利敬親《たかちか》・広封《ひろあつ》父子の落飾退穏、10万石の減封などを提案した。落飾とは出家のことだが、幕府はこの処分案では軽すぎると反発する。毛利父子や長州藩に保護されていた公卿の三《さん》条《じょう》実美《さねとみ》たちの江戸送還も求めた。長州藩が二度と幕府に刃向かわないことを狙ったのである。

慶応元年（1865）3月29日、この幕命に長州藩が従わなければ、将軍・徳川家茂が江戸を進発する旨を諸藩に通達する。第二次長州征伐（長州再征）の予告だった。幕府は断固たる姿勢を見せさえすれば長州藩も屈服するだろうと事態を楽観視していたが、すでに長州藩では藩論が転換しており、目論見どおりにはいかなかった。

対幕府強硬派の高杉晋作が内戦の末、藩政の主導権を奪取したからである。よって、藩主父子の江戸送還の求めなどに応じるはずもなく、そのまま第二次長州征伐（長州再征）へと進んでいった。

4月19日、幕府は長州再征と将軍進発を布告し、5月16日に家茂が江戸城を進発する。閏5月25日には大坂城へ入り、長州征伐の本拠地と定めた。再び征長軍が組織されたのである。

## 江戸時代最大の御用金

幕府は長州再征に向けて着々と準備を進めたが、問題は軍費であった。自前で調達できるほどの財政余裕はとてもなかったため、幕府のお決まりのパターンとなっていた御用金の賦課により軍費を確保しようと目論む。

家茂が江戸城を進発した慶応元年5月、幕府は江戸・大坂そして全国の幕領に住む裕福な町人・農民つまり豪商・豪農、さらに寺社に対して御用金を命じる。そして江戸の町人に対しては、今回御用金を命じた理由が次のとおり説明された。


その方どもが、江戸城下に安住し、家業が続けられるのは、将軍様のお陰である。その御恩を弁《わきま》えて、すでに御用金を差し出したり、上納金を願い出る者もみられるが、今回の御入用は、これまでとは訳が違う。戦費調達という容易ならざる御入用の筋だ。将軍様のお陰で安楽に暮していけるのに、こうした時、少しの御奉公もしないのは、将軍様に対して不届きなことではないか。その方どもの裕福ぶりは、常々聞いている。よって、何としても御用金を都合せよ。各自が納めるべき金額や納入方法は、町奉行の下で江戸の都市行政を担当する町年寄に申し渡しておく。御用金の返済は、来年から10か年の予定である（『藤岡屋日記』）

要するに、将軍のお陰をもって、お膝元の江戸で安穏に暮らせる御恩返しとして、軍費の調達に進んで協力するよう促したのだ。御用金の対象は江戸全体だったが、豪商が集住していた日本橋地域の町人には、町奉行みずから督促している。

長州再征を口実に幕府が取り立てた御用金の総額は総額３００万両にも達するが、これでも足りなかったのが実態だった。長州藩と開戦したのは翌2年（１８６６）6月のことで、出陣した旗本や御家人は大坂城で1年以上も足止めされた格好だったが、大坂滞在中の手当だけで毎月18万両もかかったという。

幕府はそうした人件費も含め、開戦前に３００万両も支出していたが、長州再征の軍費は最終的には４３７万両余にも及んだのである（大山敷太郎「幕末の財政紊乱」『幕末経済史研究』有斐閣）。

## 給与の半分カット

肝心の長州藩との戦争だが、各戦線で敗北が続いた。敗色濃厚のなか、7月20日には家茂が大坂城で死去してしまう。幕府は家茂の死を口実として休戦にもっていくが、その権威が地に堕ちたことは言うまでもない。

家茂の跡を継いで最後の将軍となった慶喜は長州藩との戦いを通じ、銃を持った兵士で組織された銃隊でなければ同藩に太刀打ちできない現実を思い知らされる。長州藩は欧米列強と同じく、刀や槍ではなく銃を持った部隊が主力となっており、銃砲も最新式で調練も充分に積んでいたのだ。

慶喜はこれを教訓として軍制改革を断行し、将軍の警護にあたる小姓組、大番組、書院番組といった番方のエリートたちまでもがことごとく銃隊に組み替えられていく。旗本にも銃を持たせ、歩兵として活動することを厳命したのである。

こうした軍制改革を実現するには、またまた莫大な出費が必要だったが、幕領の豪商・豪農から集めた御用金は長州藩との戦いで消えていた。巨額の御用金を取り立てた直後であるから、さらなる取り立ては難しかった。そこで目を付けたのが、旗本に与えていた所領なのである。

慶応3年（1867）9月、幕府は旗本に対して10年間との期限付きで、所領から上がる年貢の半分を金納せよと命じた。いわば、その給与を半分カットする方針を示したのだが、旗本たちの間にパニックが起きるのは避けられなかった。

だが、それから1か月も経過しないうちに、慶喜は幕府の歴史に終止符を打ったため、実際に給与がカットされたかどうかはわからないが、軍制改革が不充分なものに終わったことだけは確かだ。そのまま戊辰戦争へと突入するのであった。

# 27

## 【権威が落ちると忌避されてきたが…】株式会社を設立して紙幣を発行

### 藩札発行の背景

幕末に入る前から、幕府は通貨改鋳の差益なくして財政が成り立たない状況に陥っていたが、それは通貨鋳造権の独占が可能とした裏技であった。幕府だけが行使できる資金繰りの手法だったが、諸藩にしても財政難に苦しんでいた事情はまったく同じである。

そのため、幕府は金貨・銀貨・銭貨といった正貨を発行できない諸藩に配慮する形で、紙幣の発行を特別に許可する場合があった。いわゆる藩札だ。幕府が藩札の発行を最初に許可したのは越前福井藩松平家であり、4代将軍家綱の時代にあたる寛文元年（1661）のこととされている。

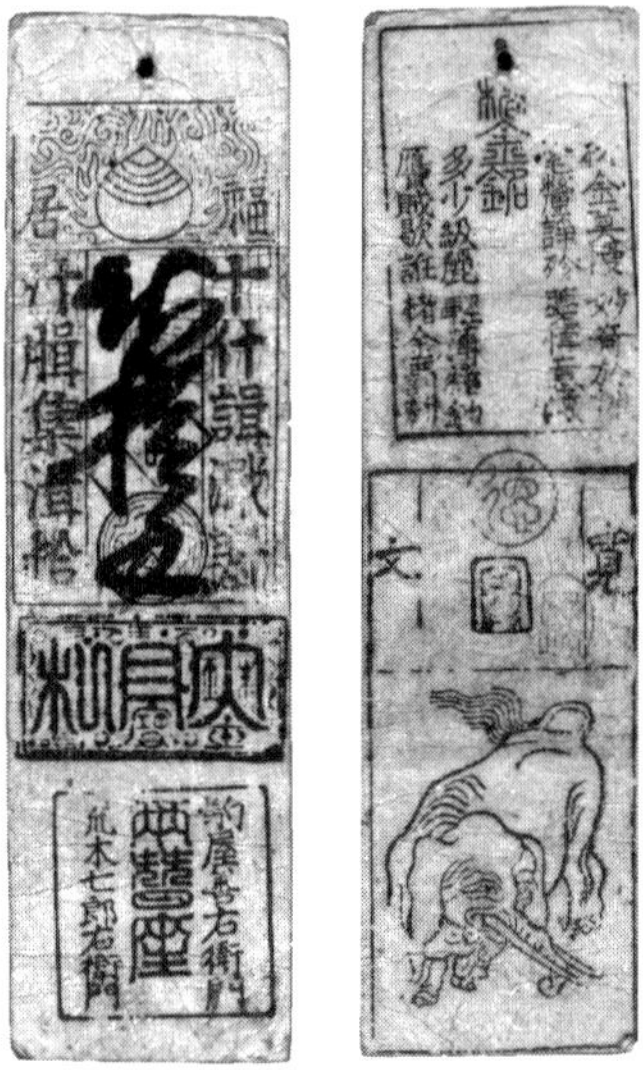

福井藩の藩札。左が表、右が裏。額面は「銀拾匁」（日本銀行貨幣博物館所蔵）

藩が藩札を発行する場合、正貨との引き換え義務を伴う兌換《だかん》紙幣であることが条件だった。藩札を持っている者から兌換を求められれば正貨と引き換えるのが決まりである。金貨と引き換えられる藩札は金札、銀貨と引き換えられる藩札は銀札、銭貨と引き換えられる藩札は銭札と呼ばれた。

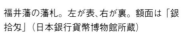

よって、藩側は兌換できるだけの正貨を用意しておく必要があったが、もともと財政難が理由で藩札を発行して歳出に充てていた以上、それは無理だった。兌換準備金を充分に用意できなかった上に、同じく財政難を背景に藩札を過剰に発行することが多く、いきおい藩札の信用度は低下する。額面の金額を大きく下回った形で流通したのが実態だった。

一例を挙げると、赤穂浪士で有名な播磨赤穂藩浅野家は銀貨と交換可能な藩札（銀札）を発行していたが、兌換準備金は充分に持ち合わせていなかった。藩主・浅野《あさの》内匠頭《たくみのかみ》長矩《ながのり》が江戸城松の廊下で刃傷に及んだ元禄14年（１７０１）当時、９００貫分の藩札を発行していたにもかかわらず、準備銀は700貫に過ぎなかった。そのため、額面よりもかなり低く流通していた。

藩主が刃傷事件を起こしたことで赤穂藩はお取り潰しとなるが、発行主体が改易されたことで、藩札はただの紙屑になる恐れが出てきた。藩札を持つ者はそう考え、正貨との引き換えを求めて藩札を扱う赤穂藩の札座《さつざ》に殺到する。

赤穂藩はこの取り付け騒ぎを受け、額面価格の6割で正貨と引き換えた。藩札を持つ側からすると4割の損であるから不満は残ったが、その条件で応じなければまるまるの損であり、不承不承、6割での引き換えを受け入れたという。

このように、藩札は額面の金額をかなり下回った形で流通することが珍しくなかったが、藩札を発行し続けることで、藩は何とか財政難を乗り切っていたのである。

### 兵庫開港に必要だった100万両の資金

幕府が安政5年（1858）に締結した欧米列強との通商条約では、同6年（1859）に長崎・箱館・神奈川（横浜）を開港した後、同7年（1860）に新潟の開港、文久2年（1862）に江戸の開市、翌3年（1863）に大坂の開市と兵庫の開港を実現する予定になっていた。開市とは、開港場は設けないものの、外国商人による貿易活動は認めるということである。５港以外でも、江戸と大坂で外国商人は商取引できる予定だった。

ところが、攘夷運動の高まりにより、予定どおりの開市・開港は到底無理な情勢となる。窮した幕府は、文久元年末（１８６２年初頭）に使節団をヨーロッパに派遣し、開市・開港の延期交渉にあたらせた。同2年、開市・開港の5年間延期を定めるロンドン覚書、パリ覚書が締結される。

慶応元年（１８６５）に至って、ようやく幕府は朝廷から通商条約を勅許される。同3年（１８６７）に大坂の開市と兵庫開港、4年に江戸の開市と新潟開港の運びとなったが、幕府はとりわけ兵庫開港に期待していた。

当時は、最後の将軍慶喜の時代である。幕末に入ると、政局の舞台は江戸から天皇のいる京都に移り、将軍でさえもお膝元の江戸を留守にすることが多かった。慶応元年に前将軍家茂が長州再征のため江戸城を進発して以来、将軍が江戸城に戻ることはなく、そのまま幕府の終焉を迎える。

家茂の跡を継いだ慶喜は江戸に戻らず、京都や大坂といった上方を本拠地として権力の強化に努めた。上方に腰を落ち着けて国内の政治そして経済の統制を目指した慶喜にとり、兵庫の開港は非常に魅力的なことであった。

横浜・長崎・箱館は開港されていたものの、上方圏にあった兵庫の開港により海外からの物流を兵庫に集中させようと目論んだのだ。兵庫の近くには「天下の台所」と称された日本最大の商都大坂が控えており、兵庫・大坂の支配を通じて経済に強い影響力を行使することができるという読みだった。

よって、幕府は兵庫開港の準備に力を入れる。兵庫が開港場として発展すれば、開市予定の大坂がさらに繁栄することは明らかだが、問題はその建設・運営資金100万両の捻出だった。こうして、幕閣では紙幣の発行が急浮上してくる。

### 兵庫商社による紙幣の発行

幕府は諸藩に紙幣の発行を許可したものの、みずから発行することはなかった。三貨を鋳造するよりも紙幣を製造した方が、手間も費用もかけず歳出に充てられるはずだったが、それでは幕府の威信に関わるという考え方が紙幣発行に否定的な姿勢を取らせたようである。

第二章でも述べたとおり、儒学者の新井白石は金銀の含有率を引き下げて通貨の品位を落とすことは鋳造者たる幕府の威信を低下させる、ひいては国辱でもあると考えていた。そうした考え方を踏まえれば、幕府が紙幣発行に否定的だったのも理解できよう。ただの紙切れでは幕府の威信は示せず、通貨は金・銀・銅などの金属でなければならないというわけだ。

百歩譲って紙幣を発行するにしても、その裏付けとしての兌換準備金を自前で用意する必要があったが、そんな余裕など全くなかった。しかし、幕府は次のような手法を思いつき、紙幣発行に踏み切る。

ここで登場するのが、兵庫商社である。兵庫商社は大坂の豪商に出資させた資本金をもとに、慶応3年（1867）6月に設立された幕府肝煎りの組織である。兵庫商社は出資額に応じて配当されることになっており、日本最初の株式会社と評価されている。

兵庫商社の本来の業務は外国貿易だったが、開港資金の立て替え、そして紙幣の発行と引き換えも担当させたのだ。幕府としては開港資金を大坂の豪商に立て替えさせ、その見返りの形で紙幣（金札）の発行権を与えたのである。

紙幣は、100両札、50両札、1両札、2分札、1分札の5種類であった。兌換を求められた場合は兵庫商社の運営を任せられた豪商たちが、出資した資本金をもって正貨と引き換える仕組みだった。

幕府は兵庫商社を通じてみずからの懐を痛めることなく開港資金を調達できたが、半年も

幕府が兵庫商社に発行させた兵庫開港札（一両）。長径約13cm、短径約4.2cm（日本銀行貨幣博物館所蔵）

立たない10月の大政奉還で当の幕府が倒れてしまう。12月には王政復古で新政府が誕生したため、同月をもって兵庫商社は業務を停止した。その結果、紙幣は1万両分しか発行できなかった。

紙幣発行をもって歳出に充てる手法は事実上打ち切りとなるが、幕府滅亡後に誕生した明治新政府は早速この手法を取り入れる。太政官札《だじょうかんさつ》と呼ばれた紙幣（金札）を大量に発行することで、戊辰戦争の莫大な戦費を賄ったのである。

## 28
# 【軍事力で諸藩の牽制を目論む】フランスからの大規模借金で打開なるか

### 幕府権力の強化を目指す小栗上野介

幕末史というと、朝廷を後ろ盾にした薩摩・長州藩などの西南諸藩に幕府が押しまくられ、ついに倒されるという流れで説明されるのが定番の叙述となっている。両藩を中心とする討幕勢力のために幕府が倒れたのは事実だが、そうした動きに強く反発し、軍事力をもって朝廷や諸藩の動きを抑え込もうとした幕臣たちが少なからずいたのもまた事実である。

そのシンボルとして語られる幕臣こそ、小栗上野介《こうずけのすけ》の通称で知られる小栗忠順《おぐりただまさ》だ。戊辰戦争の折、非業の死を遂げた幕臣としても名高い。

徳川家への忠誠心が篤い三河譜代の旗本の家柄に生まれた小栗は、幕府のエリート官僚としての道を突き進む。日米通商条約の批准書交換のため派遣された使節団のメンバーにも選ばれ、渡米している。首都ワシントンで批准書交換に立ち会った後はヨーロッパに渡り、世界一周する形で帰国の途に就いた。

帰国後は西洋通の人物として期待され、外国奉行を務める。その後も勘定奉行や町奉行など要職の数々を歴任しており、まさにエリート中のエリートとして落日の幕府を牽《けん》引《いん》した。

当時、幕府は長州藩との戦いに要した軍費をはじめ莫大な臨時出費に苦しめられていたが、その課題に立ち向かった人物こそ小栗である。先に取り上げた兵庫商社の設立や紙幣の発行にも深く関わるが、西洋の事情に詳しかった小栗ならではの企画だったと評価できよう。

小栗忠順

幕府の軍制を洋式化することにも非常に熱心であった。

軍事力をもって朝廷や諸藩の動きを抑え込むには、何よりも幕府陸海軍の軍備強化が必要なのは言うまでもない。小栗がフランスから招聘《しょうへい》した陸軍士官により軍事教練を施された幕府陸軍は、薩摩・長州藩を大いに苦しめることになる。

## フランスとの間に600万ドルの借款契約を締結

幕末の日本は、幕府と討幕勢力の対抗関係だけで事態が動いたのではない。日本進出をはかる欧米列強も激しい勢力争いを繰り広げていた。

日本を開国させたのは、ペリーを派遣したアメリカであった。その後塵を拝する形でイギリス、フランス、ロシアなどの列強が日本に進出するが、南北戦争という内乱の勃発のため、アメリカの海外進出が難しくなると、代わってイギリスとフランスが鎬《しのぎ》を削るようになる。

生麦事件をきっかけに、イギリスは薩摩藩と激しく戦火を交えたものの、薩英戦争後は「昨日の敵は今日の友」のような関係となる。薩摩藩の求めに応じて軍備強化をバックアップし、討幕（戊辰）戦争の勝利に大きく貢献する歴史的役回りを演じた。

イギリスは幕府への対抗勢力として台頭した薩摩藩と提携することで、日本への影響力を強める戦略を取った。幕府が弱体化しているのを見越し、いわば先物買いに走ったのだ。薩摩藩を支援することで、やがて誕生する新体制への食い込みを目論む。

一方、世界各地で市場獲得の争いをイギリスと展開していたフランスは、そんなイギリスの動きに対抗するかのように、幕府を支援することで日本への影響力を強めようとはかるが、その交渉相手こそ幕府の軍事力強化を目指す小栗たちであった。フランスの陸軍士官を招聘して軍事教練の指導を依頼したことなどは、そんな幕府とフランスの提携路線の象徴に他ならない。

フランスとの提携路線を推進した小栗たちは、幕府内の親仏派官僚と呼ばれることも多い。外国奉行や勘定奉行を歴任した栗本鋤雲《くりもとじょうん》も親仏派官僚としてフランスとの提携路線を推進したが、慶応2年（1866）8月、小栗や栗本たちが主導する形でフランスとの間に600万ドルの借款契約が結ばれる。

フランス軍事顧問団による訓練風景

折しも、幕府は第二次長州征伐で長州藩に敗退し、その権威は地に堕ちていた。小栗たちはフランスからの財政支援を受けることで軍事力を強化し、巻き返しを期したのである。

## 借款計画の挫折と国際情勢

一方、フランスが600万ドルの借款契約に応じたのは、もちろん幕府を支援するためだけではなかった。日本産の生糸を独占したい意図が秘められていた。支援の見返りとして、生糸を独占する権利を幕府に認めさせたが、日本産の生糸は品質の良さからヨー

フランスの駐日公使ロッシュ。軍事協力などを通じて幕府を支援した

ロッパではたいへん人気が高かった。

ヨーロッパでも養蚕《ようさん》は盛んだったが、微粒子病の大流行により蚕が繭《まゆ》を作れず、生糸の価格が高騰していた。ヨーロッパ諸国は生糸の輸入に狂奔するが、そこで目を付けたのが品質の高い日本の生糸だった。

小栗たちとしてはフランスの援助により強化した軍事力で薩摩藩や長州藩を討伐し、将軍をヨーロッパの絶対君主のような立場に据えようと考えていたが、そんな借款契約の内容が同じく日本産の生糸を狙っていたイギリスの知るところになる。

イギリスは自国の利益を侵害するものとして、フランスに強く抗議する。市場争いを繰り広げていた両国だったが、実はこの頃、フランスはイギリスとの協調外交に路線を転換させており、イギリスを刺激するのは避けたいところであった。弱体化する一方の幕府にフランスが過剰に肩入れすることへの危惧も、政府内で高まっていた。

日ならずして、フランスは生糸独占を条件とした借款契約の破約を通告したため、小栗たちの目算は外れる。その後まもなく幕府は倒れ、戊辰戦争がはじまった。志半ばで上野国の所領に戻った小栗は新政府軍に捕縛され、斬首に処せられる。

しかし、小栗が先鞭《せんべん》をつけたと言ってもよい、外国からの借財で歳出を賄う手法は後の明治政府も踏襲する。日露戦争の戦費の大半を外債で賄ったのはその象徴のような事例であった。

**著者紹介**

**安藤優一郎（あんどう・ゆういちろう）**

歴史家、文学博士（早稲田大学）。

江戸をテーマに執筆・講演活動を展開。主要著書に『江戸の間取り』『大名格差』（彩図社）、『お殿様の定年後』（日経プレミアシリーズ）、『江戸幕府の感染症対策』（集英社新書）、『渋沢栄一と勝海舟』（朝日新書）など。

◎参考文献

高埜利彦『元禄・享保の時代』集英社（1992年）
大野瑞男『江戸幕府財政史論』吉川弘文館（1996年）
瀧澤武雄・西脇康編『日本史小百科　貨幣』東京堂出版（1999年）
大石学『吉宗と享保の改革　改訂新版』東京堂出版（2001年）
竹内誠編『徳川幕府事典』東京堂出版（2003年）
飯島千秋『江戸幕府財政の研究』吉川弘文館（2004年）
竹内誠『寛政改革の研究』吉川弘文館（2009年）
安藤優一郎『明治維新　隠された真実』日本経済新聞出版（2019年）

カバー・扉ページイラスト：倉永和恵

# 徳川幕府の資金繰り

2021年8月18日　第1刷

著　者　　安藤優一郎

発行人　　山田有司

発行所　　株式会社彩図社
〒170-0005
東京都豊島区南大塚3-24-4 MTビル
TEL：03-5985-8213　FAX：03-5985-8224

印刷所　　シナノ印刷株式会社

URL：https://www.saiz.co.jp
Twitter：https://twitter.com/saiz_sha


ISBN978-4-8013-0544-1 C0021